FUTURAZIENDA

Andrea Dainotti

Questo è un testo per persone intelligenti,
quelli che la curiosità renderà qualcuno!
Cit. Alberto Marghelli

Prefazione

Il mondo dell'imprenditoria è cambiato. Questo non è accaduto come molti sostengono "dall'oggi al domani". Il mondo dell'imprenditoria è in costante evoluzione già da diversi anni. Alcuni l'hanno notato, l'hanno visto, l'hanno accettato e si sono mossi di conseguenza.

Altri no.

Andrea è una di quelle poche persone che l'ha capito al volo e si è messo a lavorare fin da subito per adattarsi al cambiamento. Se anche tu ti ritrovi in questo gruppo di persone, questo libro sarà come avere una piacevole chiacchierata con un collega che potrebbe tirarti fuori qualche nuova idea interessante.

Altrimenti, questo libro potrebbe essere esattamente quella piccolezza che farà la differenza tra il prosperare o il chiudere le porte.

E non esagero quando dico queste parole:
Una delle primissime conversazioni che ho avuto con Andrea, è nata con un suo "Io voglio cambiare il modo delle persone di fare imprenditoria". E così è iniziato il nostro rapporto.

Un *visionario*.
Un *folle*.
Un *esuberante*.

Tutte caratteristiche che gli si addicono alla perfezione. Ancora di più, quando lo si conosce meglio. Tuttavia, non devono per forza avere un'accezione negativa... infatti, sono anche tutte caratteristiche presenti alla base di qualunque persona abbia lasciato un segno nel mondo!

Andrea è una persona con una *visione* estremamente ambiziosa, idee *folli* e con abbastanza *esuberanza* da riconoscere le proprie potenzialità e punti di forza e volerli usare per raggiungere il suo scopo.

Ed alla fine della fiera, il suo scopo non è altro che aiutare te lettore a vedere le cose in maniera diversa, muoverti in maniera diversa e portare risultati decisamente diversi.

Il motivo per cui sto scrivendo queste righe, è perché *credo fortemente che questo libro non sia per tutti:* Andrea è esattamente come questa prefazione: diretto, senza peli sulla lingua, senza il bisogno di farsi piacere dalla massa.

Vuole solamente dire la verità, quella che pochi hanno il coraggio di dire. Quelle parole che non tutti sono disposti ad accettare, ma che sono fondamentali per schiudere il guscio in cui si è intrappolati.

Pronto a vedere i retroscena dell'imprenditoria del "futuro"?

Michele Schiavino Gianni
Coach

Indice

Introduzione

A cosa serve questo testo?

Se sei convinto che la tua azienda vada a gonfie vele, sappi che potrebbe andare meglio; di contro, se la tua azienda inizia a dare dei segni di cedimento, possono esserci delle soluzioni.

A mio parere seguire i *guru* serve solo ad allontanarti sempre più dai traguardi che devi raggiungere, per te e per le persone che collaborano nella tua realtà imprenditoriale. Trova subito un professionista che possa esserti d'aiuto nella scelta delle risorse umane da responsabilizzare e impiegare durante tutti i passi fondamentali del processo di crescita. Questa è la mia pretesa: *cambiare, insieme a te, le regole del gioco!*

Eppure, molti imprenditori non si rendono conto del valore delle mie parole, almeno fin quando non iniziano a modificare il mindset che sta alla base delle loro credenze: *"Andrea, ma cosa me ne faccio delle tue noiose elucubrazioni sull'importanza del Content Writing? Perchè mai investire sui social? E perché digitalizzare processi che sono rimasti inalterati da decadi intere, a partire dalle precedenti generazioni?"* Ho scelto di dare risposta a molte di queste domande nelle pagine che seguono; ho deciso di mettermi in viaggio con te – mio caro imprenditore – allo scopo di dimostrarti che non c'è scusa che tenga. Di fronte a te hai migliaia di potenzialità, centinaia di modi in cui veicolare i messaggi che davvero ti interessano. Non sai come fare? Bene, è giunto il momento di metterti di fronte allo specchio, ammettendo a te stesso che non hai più scuse. Imparerai a conoscermi nel corso del libro: sono un consulente aziendale pragmatico e diretto. Non ho paura di "svegliare" la mente delle persone che mi circondano, soprattutto se queste ultime non hanno gli strumenti per capire che il futuro è uno (e deve essere conquistato con coraggio e innovazione). Impossibile piangere sul latte versato: la crisi pandemica che abbiamo vissuto – nonché la difficile esperienza del lockdown – non deve essere l'ennesimo baluardo da sollevare contro le difficoltà economiche che ogni imprenditore, prima o poi nella sua esistenza professionale, vive. Basta: è giunto il momento di sollevare un grido di protesta contro la logica del *le cose vanno male, mi arrendo e attendo che qualcosa accada.* O cambi o sei fuori dal gioco: a ingenerare la vera rivoluzione è il mindset (il settaggio mentale) che ti porti dietro. Inutile continuare a negare l'evidenza: il libro che stringi tra le mani vuole essere una guida, né troppo pretenziosa né troppo approfondita, da cui partire alla volta di una maggiore consapevolezza. Imparerai a conoscere l'importanza dell'innovazione, del Content Marketing, della vendita online e offline, della segmentazione e del pubblico di eventuali interlocutori commerciali che puoi convertire in lead. Non sai di cosa sto parlando? Bene, questo libro fa per te! Conosci gli argomenti che ti ho appena citato ma non hai avuto i risultati sperati? Basta credere che un podcast o un webinar di qualche ora possa cambiare radicalmente le sorti di un'imprenditoria ormai allo sbaraglio. *Siamo incapaci di affrontare l'innovazione, ma è la modernità stessa che ci sta venendo incontro.* Questo testo non è stato scritto nel breve lasso temporale della crisi sanitaria che ci ha messi in ginocchio (dandoci allo stesso tempo la possibilità di ricominciare da zero). Il manuale che stringi tra le mani è stato il frutto di un'attenta analisi degli argomenti in esso contenuti, approfonditi nel corso degli anni. Ti spiegherò come: ebbene, sono un programmatore nato! Amo avere a disposizione un plan dettagliato della mia professione (una sorta di calendario su cui ho sempre a portata di mano le riflessioni, gli obiettivi e gli impegni della giornata). Così, dopo aver accumulato un bel po' di materiale l'ho trasformato in un libro. Soltanto la crisi che stiamo vivendo mi ha finalmente spinto a pubblicarlo, aggiungendo dei capitoli bonus finali che ho trasformato in una sorta di eserciziario, di spazio che tu stesso – caro imprenditore – puoi usare a tuo piacimento per rispondere alle domande che ti pongo. *Sei pronto? Io sì, lo sono da tanto. Aspettavo soltanto arrivasse il momento di rivolgermi a te!*

A CHI MI RIVOLGO?

Imprenditori, artigiani, commercianti, creativi e chiunque abbia la necessità di comprendere cosa realmente si sta trasformando nel nostro tempo, avendo intenzione di migliorare ulteriormente. Se ti stai arrendendo, sappi che c'è sempre un motivo quando qualcosa va male. Puoi abbandonare tutto, ma credo che il bisogno di conoscere la ragione di un qualcosa che non funziona sia di vitale importanza per uno come te che ha messo tutto sé stesso nella costruzione di un'impresa. È fondamentale mettersi in gioco con i propri strumenti per arrivare a raggiungere importanti obiettivi.

La medicina orientale ci insegna che si va dal medico quando si sta in salute, così da imparare a prendersi cura del corpo e della mente ed evitare quindi di incorrere in pericoli che possano pregiudicare il proprio status psicofisico. Non puoi far smettere di fumare la tua azienda dopo che ha avuto un infarto. È vero che si può andare avanti, ma è meglio avere il cuore sano per poter proseguire in salute.

Ti ricordi come si stava bene negli anni 80? Le aziende crescevano come funghi e nonostante la mancanza di tecnologia, si riuscivano a fare progressi di tutto rispetto. Ancora oggi ci sono realtà imprenditoriali davvero notevoli in Italia che sono nate in quei periodi o che semplicemente hanno vissuto e approfittato di quel momento per poter emergere.

Oggi sembra sia tutto saturo. Ma se ti sembra così forse sei rimasto immobile agli anni '80 e la tua mentalità non è in grado di individuare e di ragionare da terzo millennio.

DI COSA PARLERÒ

Non perderò il mio tempo a raccontare strategie marketing all'ultimo grido per farti diventare milionario. Se avessi questo potere probabilmente avrei già acquistato molte aziende e sarei l'uomo più ricco del mondo! Con i soldi, ovviamente non penserei certo di acquistare un'isola deserta tutta per me. Continuerei ad investire, crescere e a dare opportunità a chi davvero merita.

Non ti dirò come si fa, ma cosa si può o si deve fare al giorno d'oggi per sopravvivere e migliorarsi, applicando le migliori strategie che meglio si sposano alla tua azienda, utili a raggiungere gli obiettivi. Detesto il fai da te, quando voglio *"spaccare"* (come dicono i giovani) mi piace farlo alla grande, quindi mi attornio di gente in grado di aiutarmi senza farmi perdere tempo.

Voglio sottolineare quanto sia fondamentale una figura come la mia all'interno della tua azienda. Il fatto che tu possa avere bisogno di me o di un altro marketer (ne conosco di seri e posso consigliartene), importa poco. Continua la lettura e ti accorgerai della differenza.

Come vedi non è un libro di molte pagine, non perché non abbia idee a sufficienza, ma solo perché mi piacerebbe venisse letto in una, massimo due sessioni. Nessuno di noi ha più tempo da perdere e io non voglio farvene perdere. Cercherò quindi di essere diretto per farti comprendere al massimo ciò che voglio comunicare.

Ovviamente apro una porta a tutti coloro necessitino di farmi domande dirette.

Scrivete a: andrea@ad2.it

Quaderno esercizi
e note

Forza

Debolezza

Opportunità

Minacce

Forza	Debolezza
Opportunità	Minacce

Forza

Debolezza

Opportunità

Minacce

Forza	Debolezza
Opportunità	Minacce

Capitolo 1
1.1 QUALCOSA È CAMBIATO

Prima si faceva riferimento agli anni '80. Io ero piccino in quegli anni (sono del '78) ma ricordo perfettamente l'aria di benessere che si respirava intorno all' 86 e i racconti degli imprenditori (mio padre lo era) che ho incontrato negli ultimi anni non hanno fatto che dar ragione alle mie sensazioni da fanciullo quale ero.

Oggi siamo tutti in competizione.

In altri tempi, pochi imprenditori avvertivano la necessità di competere per migliorarsi. Una grande percentuale di persone si accontentava di ciò che aveva. Diciamo che il benessere economico, era concesso un po' a tutti. Anche i lavoratori dipendenti sono riusciti ad acquistare la casa in cui avevano scelto di vivere (c magari una seconda al mare) ed oggi, con i loro risparmi, mantengono i figli plurilaureati in casa.

Non sono passati così tanti anni, forse 30.

Il tempo in cui pareva che le famiglie Italiane potessero seriamente vivere nel benessere e diventare finalmente "ricche", permettendosi così la famosa "Bella vita". Sto parlando di un mood che ricordo ancora vividamente: un ricordo d'infanzia che si lega indissolubilmente alle prime esperienze di vita condotte a fianco di mio padre, nel cuore della sua realtà imprenditoriale. A pensarci oggi, mi sembra di far riferimento a un vero paradiso economico (ma non fiscale, sia chiaro) in cui la competizione era ridotta ai minimi termini, e i divari economici – seppur presenti tra dipendenti e imprenditori/liberi professionisti – non erano certo motivo di lotte sociali tanto accentuate! Nel giro di pochissimo tempo è caduta sulla nostra testa la *spada della crisi*. Beh! Alcuni sono sempre stati in crisi (e forse oggi molti si sono allineati a loro). L'ho vissuto da spettatore, e faccio parte di una generazione di delusi. Una generazione che grazie alla chiusura di mentalità dell'imprenditoria che allora governava (che è la stessa di oggi) è rimasta fuori dai giochi, per non si sa quale arcano motivo.

C'è stato un momento in cui ero troppo giovane per lavorare ed uno in cui ero ormai troppo vecchio per farlo. Per questo ho la barba ed ho sempre lavorato in proprio!

Si pensava fosse sufficiente laurearsi per guadagnare tanti soldi e i genitori iniziarono a spendere motivati i risparmi messi da parte in una vita itera di sacrifici. Ma quanti medici, avvocati, ingegneri avremmo potuto mantenere a suon di stipendi stile anni 80?

Ma questa è un'altra storia!

La verità è che la maggior parte delle persone che hanno seguito questo percorso, si sono ritrovate con un pugno di mosche in mano. Cosa è cambiato negli ultimi decenni? Perché non riusciamo a migliorare questo sistema? Cosa avevamo che oggi non abbiamo più?

Sveglia!

Ti rendi conto di ciò che il progresso tecnologico ci ha fornito negli ultimi anni? Il telefono con cui giochi tra una riunione e l'altra è più avanzato dei computer che alla fine degli anni '60 hanno mandato il primo uomo sulla luna; noi giochiamo!

Quando ero piccolo facevo da telecomando per mio padre: Andrea, metti sull'uno, metti sul due. A volte mi trasformavo anche in un'antenna umana: *Andrea vieni a spostare l'antenna, così fermo, mmm, no, no, no aspetta, stai lì un attimo!*

La tecnologia, che negli ultimi anni è entrata nelle nostre case e nei luoghi di lavoro, è in grado di farci migliorare in molteplici aspetti. Nonostante tutto ci sono trentenni che non sono ancora in grado di usare il proprio telefonino o un computer, ma vorrebbero diventare ricchi grazie al web.
La tecnologia ci ha forse colti impreparati? Ci ha superati? Siamo davvero così limitati?

1.2 DAI NEGOZI AI CENTRI COMMERCIALI

Un'esperienza commerciale completamente differente.
Prova a chiudere gli occhi e tuffati nel passato. Elimina il cellulare, il computer portatile, il computer fisso, internet, il web, gli acquisti sui marketplace, la richiesta di opinioni ai motori di ricerca: cosa resta?

A parte i terminali delle poste e di qualche azienda all'avanguardia: **assolutamente nulla, il vuoto!**

Eppure, si pensava saremmo diventati tutti ricchi e nessuno di noi aveva la percezione di ciò che sarebbe accaduto.

Come si faceva una volta a cercare nuovi clienti?

Era impensabile, a meno che non si fosse proprietari di aziende molto grandi, vendere a chi abitava a grandi distanze dal nostro negozio o magazzino (figuriamoci in altre città). Ma si guadagnava di più con meno clienti? Mancava una concorrenza così globale?

La risposta è logica:
una volta, se vendevi la frutta in paese, a meno che qualcuno non prendesse la macchina per andare al paese accanto, veniva da te ad acquistare ciò di cui avesse bisogno. Magari non ti salutava neppure o mandava la moglie per evitare di incontrarti, ma sempre da te doveva acquistare, perché tu vendevi la frutta. E se eri l'unico a produrre/vendere un certo articolo? Dovevi aspettare le fiere e il passa parola, e se a qualcuno fosse venuto in mente di farti concorrenza avrebbe dovuto aspettare la prossima occasione di scambio imprenditoriale o usare giornali, radio e tv (ma non tutti si potevano permettere certi *budget* pubblicitari).

1.3 La prima alternativa: dal supermercato al centro commerciale

Non credo che il supermercato/centro commerciale abbia preso così tanto piede in virtù della promessa di risparmio, se non a livello ideologico. Io ho sempre guardato ai *mall* come il parco giochi dello shopping.

La varietà vince!

La quantità di prodotti offerti anche a caro prezzo, acquistati in virtù del *"già che sono qui prendo anche questo"*. Le luci, l'ampiezza ed il numero stesso di negozi, il potersi riposare al fresco mangiando una specialità esotica oppure un pezzo di pizza. Osservare persone di altri paesi limitrofi, fare nuove conoscenze, entrare nell'ottica del: *"Guarda quello, lo voglio anch'io"*.

Ecco i nostri soldi spesi in necessità create dai nostri sensi e non dai nostri reali bisogni.

I centri commerciali funzionano ancora così (e in alcuni casi anche i marketplace li seguono a ruota).

Mia madre ha lo stesso piano cottura da quando si è sposata, io ne ho già cambiati tre! L'ultimo perché mi hanno dato un ferro da stiro professionale gratis (che tanto non uso). Ci sono degli psicologi dietro questo (il famoso *neuromarketing* non è certamente un'invenzione fantastica di qualche guru) altro che il Beppe, il fruttivendolo che vendeva sotto casa!

5

L'unica psicologia adottata era: *"È il periodo delle pesche, le compro e le metto al banco, così chi le vede acquista e mangia i miei prodotti."*

Una volta difficilmente uscivo per comprare delle pesche e tornavo a casa con un 60 pollici ultrapiatto. Oggi esco perché in casa fa caldo e torno con un piano cottura nuovo, perché il 60 pollici è in omaggio!

1.4 I MARKETPLACE (AMAZON, EBAY, EPRICE, ETC...)

Per il momento non credo sostituiranno i centri commerciali, ma per i consumatori e per i brand giocano un ruolo fondamentale. In ogni caso, è necessario dare tempo al tempo: la crisi pandemica rischia di svuotare i grandi magazzini? Non possiamo dirlo con certezza, ma è molto probabile che tantissimi consumatori si sposteranno sui marketplaces. Basti pensare che in Italia al momento il mercato online è circa il 20% del mercato globale.

30 anni fa:

"Ciao Beppe, come sono le pesche quest'anno?"

"Buone, quante te ne do?" (e intanto regalava l'albicocca al bimbo che la mangiava senza nemmeno lavarla, e faceva cross selling!)

Oggi:

Mi informo sulla stagionalità della frutta, (è possibile che le pesche ci siano anche a Natale?) perché non sappiamo più quand'è il periodo giusto. Scopro che quest'anno non è stata una grande annata quindi le pesche costeranno di più. Ma nonostante tutto i supermercati e i centri commerciali del mondo, venderanno pesche a volontà, a prezzi esorbitanti; poi chissà quante finiranno nell'immondizia! Magari costano così tanto anche per questo, non è dato saperlo. E noi le compriamo con la consapevolezza di averle pagate quattro euro al chilo, ed è normale che non ne siamo soddisfatti. *L'avevano detto che non era l'anno della pesca!*

Ma perché le mettiamo nel carrello?

Un po' perché speriamo di tornare indietro di trent'anni, quando le pesche erano buone perché maturavano sugli alberi e non nelle celle frigorifere (o dove le fanno maturare), e poi perché ci vengono mostrate ed esteticamente sembrano proprio quelle del Beppe e in più le scegliamo noi, quindi complici del processo, arrivati a casa subiamo un'atroce delusione.

Ho preso la pesca come esempio perché dubito che in molti la acquistino su Amazon.

Di conseguenza, hai cominciato a capire cos'è cambiato?

No, non si tratta solo di queste piccole banalità, ma una mente acuta avrebbe già potuto scovare qualche spunto di riflessione che magari ha capito d'aver tralasciato erroneamente in tutti questi anni. Ma non c'è problema, analizzeremo questi cambiamenti con lo scorrere di queste pagine e ciò che ora sembra poco chiaro e banale, diverrà più evidente.

Facciamo un passo per volta.

Internet ha portato nelle nostre case e con i telefoni nelle nostre tasche "il sapere globale". Oggi possiamo comunicare ed avere notizie in merito a qualunque inte-resse semplicemente interrogando un motore di ricerca.

Ma ci pensi?

Ti ricordi il famoso competitor di prima, quello che doveva aspettare la prossima fiera di settore per entrare in competizione con te? Oggi, lo fa una volta uscito dal-la tua azienda, semplicemente con un telefono cellulare. Eppure, deve avere le conoscenze per farlo, altrimenti non riesce nel suo intento!

Oggi chi non è aggiornato o ha chiuso oppure sta per farlo.

Molti ancora non hanno capito che il mondo è cam-biato e che nel cambiamento anche la tua azienda deve modificarsi: o sei stato al passo coi tempi, quindi oggi non hai problemi, oppure il tuo nemico numero uno di-venta lo scorrere dei giorni, dei mesi e degli anni!

Credi che basti un click per risolvere i tuoi proble-mi?

Purtroppo, sei fuori strada. Pensi che un week-end col saccente *guru* di cui ti parlavo prima sia sufficiente per imparare e diventare il miglior marketer sulla piazza?

Non farmi rispondere!

Bisogna agire e – se ancora non hai avuto modo di metterti in moto – inserisci immediatamente la chiave nel cruscotto della tua realtà imprenditoriale! Non smetterò mai di dire che il marketing bisogna poterselo permet-tere. Fare un sito con un click sarà anche possibile, ma se deve essere lo strumento principale del tuo business, forse è meglio che sia ottimizzato per far si che possa essere trovato.

Secondo te le Aziende con la A maiuscola usano trucchi ed espedienti, oppure si preoccupano di avere strumenti funzionanti e all'avanguardia? Sarà banale ma se tutto fosse così facile, perché viviamo con un reddito medio così basso? Con tutti questi metodi pratici e veloci, non dovremmo essere tutti più ricchi e pieni di clienti?

E cosa fare dopo la crisi pandemica del nostro 2020?

La verità è che il mondo è in costante cambiamento e l'unica cosa che dobbiamo perseguire è il trend di spicco che ci consente di massimizzare la nostra presenza sul mercato in un dato momento storico. Basta guardarsi attorno: lo *smart working* – termine che fino a qualche mese fa poteva benissimo essere ignorato dai più – è diventato motivo di analisi, studi, pubblicazioni, articoli e chi più ne ha, più ne metta. Moltissime realtà imprenditoriali si sono sentite totalmente impreparate: la gestione "patriarcale" ha impedito ai giovani di cogliere al volo l'occasione di modernizzare una forma di comunicazione ancora basata sulla vita d'ufficio. Ebbene, la crisi pandemica del 2020 è stato un punto di rottura: se le aziende avessero lasciato spazio ai nuovi arrivati – alle menti fresche e digitalizzate della nuova leva – ecco che molti problemi sarebbero probabilmente venuti meno. Invece no: nel tentativo di creare una cartella condivisa su Google Drive, alcuni imprenditori dediti alle forme di operatività anni '80 hanno perso tempo e risorse preziose, cercando di trovare una soluzione a questioni apparentemente banali se considerate dal punto di vista di chi mastica nozioni base di smart working (basti pensare alla nascita delle *startup* o degli *e-commerce* – Amazon

9

in primis – che sono riusciti ad accelerare la propria crescita in pochissimo tempo, sfruttando le potenzialità del digitale). Ho scelto di trattare queste tematiche in un paio di capitoli *bonus* al termine di questo manuale: illustrerò il mio personale punto di vista sugli argomenti in oggetto e cercherò di dimostrare in che modo – contro ogni previsione – la crisi che stiamo vivendo potrà favorire le aziende più propositive e avanguardiste. Come al solito, ogni realtà di successo parte dal corretto *mindset*.

Desidero ora aprire una breve panoramica informativa sulla storia e sulla vicenda davvero originale dello store online numero 1 al mondo, Amazon. Penso che conoscere le fortune altrui sia l'unico modo per dare vita a una forma di attività imprenditoriale che tenga conto dei segreti e dei trucchi con cui muoversi con consapevolezza nel mercato di riferimento. Tu che leggi queste pagine, ti sei mai interrogato sulla fama dell'e-commerce più cliccato globalmente? Sicuramente ti sarà capitato di lamentarti della sua spietata concorrenza, magari hai anche avuto modo di acquistare un elettrodomestico super-scontato o un libro da leggere in formato digitale. Molto probabilmente, però, non sei finito sulla pagina Wikipedia di Amazon per cercare le vicende che hanno permesso al sito in questione di raggiungere cifre e visibilità fuori dalla norma. Ci penso io!

AMAZON, UN GARAGE E UN PO' DI DATI

Non voglio dilungarmi troppo: il 5 luglio del 1994, un giovane americano di nome Jeff Bezos fonda una piattaforma davvero innovativa. Il trentenne sarebbe diventato – appena 25 anni dopo – l'uomo più ricco del mondo. Sai com'è iniziata la carriera del noto imprenditore? Con un'insegna issata sulla facciata esterna di un garage "Amazon.com", scritta con una bomboletta spray e con il desiderio di dare vita a un progetto rivoluzionario e altamente innovativo. Tutto ciò che già conosci (spedizioni e resi efficienti, servizi di imballaggio ottimali, sicurezza per acquirenti e venditori e così via) è venuto con il tempo. Pensi forse che il giovane Bezos avrebbe mai potuto pensare che la capitalizzazione della sua società sarebbe fruttata mille miliardi di dollari? Ricorda che il famoso e-commerce dà lavoro a oltre 5mila persone solo in Italia ed è ormai un punto di riferimento in ogni Stato del mondo. Ora, cosa voglio dirti con questo esempio? Non di certo che il tuo obiettivo sia quello di perseguire le stesse orme del colosso imprenditoriale americano. Eppure, è il cambiamento – è la capacità di pensare *out of the box,* come dicono gli inglesi – che permette di aspirare a traguardi neppure immaginabili in accordo alle statistiche del mercato tradizionale. L'e-commerce ha saputo dare avvio a un gioco totalmente diverso, in cui le regole diventano un Made-in-Amazon senza precedenti: *o cambi o ti arrendi. Jeff Bezos l'aveva capito già a partire dal 1994.*

11

1.5 PROVIAMO COL FAI DA TE

Passo molto tempo sui social network, ovviamente non per divertimento, ma perché è uno strumento di lavoro (quando si parla di cambiamento) e resto sempre allibito da quanti disperati cerchino di crearsi un reddito pensando che basti pubblicare dei post sui social network o semplicemente rispondendo a dei sondaggi.

Lo trovi possibile?

Sai quanto mi piacerebbe creare risparmio dal mio essere tuttologo? Ma mi rendo conto che un sistema economico basato sulla tuttologia non reggerebbe. Non reggerebbe nemmeno il tubo del lavandino che ho sostituito per risparmiare i soldi dell'idraulico e che - se non è un improvvisato - mi fa un lavoro costoso ma a regola d'arte e duraturo nel tempo.

Tu faresti fare il tuo mestiere al primo che capita?
Daresti in mano i tuoi clienti al primo che incontri in strada, mettendo in gioco il tuo brand costruito a fatica negli anni?
No? Perché?
E allora perché ti ostini al Marketing fai da te? Perché qualche bravo oratore ti ha fatto intendere, convincendoti, che basta l'acquisto del suo libro e un click del mouse su un software di cui è promoter a darti il successo?

Ci credi davvero?

Allora clicca pure il mouse, ci vediamo fra qualche anno (ammesso che l'idraulico non si troverà davanti a sé una situazione ormai troppo compromessa, e a causa di questa incuria la decisione dovrà per forza di cose essere: *cambiamo tutto, oppure si allaga!*)

QUINDI FARE SOLDI GRATIS SU INTER-NET È POSSIBILE?

DICIAMO CHE POSSIAMO FARE IL POSSIBILE PER AUMENTARE LE VENDITE E MIGLIORARE I FLUSSI DI LAVORO, MA OCCORRE AFFIDARSI A PERSONE COMPETENTI, ED EVITARE SANTONI E VENDITORI DI SOGNI.

Pare che l'essere umano sia più portato a credere alle persone che raccontano fiabe che alle persone serie. A tutti piacerebbe vivere facendo soldi senza sforzo, ma sai meglio di me che la cosa non è fattibile.

Facciamo un po' di auto-target:

Hai capito che nessuno può darti il massimo con un semplice click? O farti diventare ricco con un blog?

Ok continua pure a leggere!

Altrimenti, se credi ancora in quello che io chiamo metodo *Wanna Marketing* (Wanna dallo slang americano, che nessuno si offenda in merito), vai pure avanti per la tua strada.

1.6   IL CLIENTE, CONSUMATORE

Fino ad ora abbiamo discusso di quanto la bravura di un'azienda o di un imprenditore (commerciante o non) potesse essere fondamentale per la buona riuscita di un'impresa. Oggi, con l'avvento del web, visto che la comunicazione tra i consumatori è diventata davvero fitta, la situazione è un po' cambiata. L'interlocutore commerciale che usufruisce di un certo prodotto e/o servizio è il punto di riferimento di una catena informativa in cui entrano in gioco un vasto numero di fattori: ricorda sempre che l'acquisto di un bene è solo lo step finale di un viaggio compiuto da un utente che si sta approcciando al suo motore di ricerca preferito con delle esigenze ben precise. Non avere fretta: ho scelto di trattare alcune questioni di fondamentale importanza nel corso delle prossime pagine. Al momento voglio solo cercare di comunicare il mio personale punto di vista, così da farti analizzare nello specifico gli errori che non devi assolutamente compiere se desideri dare una seconda chance alla tua realtà imprenditoriale.

Il consumatore oggi è al centro di tutto. Se il tuo prodotto, nonostante il processo molto più veloce di messa sul mercato, non ha le caratteristiche che il cliente chiede realmente, il *flop* è dietro l'angolo e istantaneo.

"Feedback" avete mai sentito questo termine? Magari conoscete meglio le stelline di Amazon. Sono una grande cosa per chi acquista; e cosa dire di chi vende? I canali di informazione sono totalmente differenti: i siti web, gli e-commerce, le pagine Facebook (sì, anche i social sono spesso un'ottima vetrina per far sfoggio di recensioni): ogni elemento ha lo scopo di comprovare l'efficacia e la qualità di un prodotto che viene immesso sul mercato.

Come detto in precedenza la fuffa non la si piazza online più facilmente. Puoi venderla a quelle venti persone, ma poi chi legge le recensioni decide di non "acquistarti" più, e il gioco è finito. Guardavo sui vari marketplace (sempre per lavoro, ovviamente) il trend dello slime per bambini. Per chi non lo sapesse è quella strana sostanza colorata e piena di pasta luccicante che si tira, si allunga e crea forme a piacimento: insomma il classico gioco che piace tanto ai più piccoli (e anche a qualche adulto, come antistress). I marchi più importanti, quelli a 5 stelle per intenderci, vendono all'impazzata. Quelli che promettono di non sporcare e che finiscono per deludere le aspettative del cliente, vengono bollati con recensioni al prodotto (a una stella, al massimo due) davvero divertenti:

"Pagato un euro meno dell'originale ma sporca e appiccica ovunque, mi ha sporcato il divano di casa. Dicono che sia atossico ma a questo punto non so se fidarmi."

Se trovi una recensione di un prodotto simile, lo compri ancora ai tuoi figli o nipoti?

Quindi, per tornare a bomba: oggi il consumatore è al centro di tutto il sistema commerciale. È in grado di veicolare le vendite, ti tiene sott'occhio. Puoi pensare di essere furbo ma non sfuggi alla realtà di chi il tuo prodotto lo ha acquistato e testato. L'opinione di un pubblico fa del bene se c'è del bene. *Il passaparola oggi è rapidissimo.*

Hai mai consigliato un imbianchino che ti ha fatto un lavoraccio in casa?

Questo fenomeno delle stelline va a svantaggio di sedicenti venditori e produttori di fuffa, quelli che si nascondono dietro il prezzo più basso ma vendono sostanzialmente robaccia, ma va a favore delle aziende serie.

Pensate se chi ha assaggiato le pesche del supermercato di cui si parlava prima, decidesse di restare lì tutto il giorno a dire a quelli che si accingono per acquistarle: *"Lascia stare! Non buttare via i soldi!"*

Cinque stelline significano un ottimo passa parola e una buona esperienza d'acquisto.

In più, il gesto del cliente è spontaneo e soprattutto gratuito, di conseguenza ha un valore ancora superiore. Quindi un po' di meritocrazia in tutta questa evoluzione esiste! Pensate ai famosi occhiali prodotti negli anni '80, quelli che permettevano di guardare sotto i vestiti. Li vendono ancora oggi, ma è chiaramente riportato sulla confezione che sono uno scherzo per far credere che si possa guardare sotto le gonne delle ragazze. Una volta lunghi dagli imprenditori scriverlo, tanto il "Feedback" era talmente lento che con le migliori strategie di *Wanna marketing* applicate, il guadagno era matematico.

Ti pare poco come cambiamento?

Hai sotto il tuo naso, tutti i giorni questi strumenti (perché così si devono chiamare) e non li utilizzi per la tua azienda. Ricorda sempre: la nostra vita ha subito una forma di stravolgimento produttivo sempre più frenetico e stressante. Il tuo obiettivo principale è quello di stabilire un Customer Journey[1] che sia in grado di soddisfare con efficienza le esigenze dei tuoi potenziali interlocutori commerciali. Ti chiederai di cosa io stia parlando. Ebbene, se non sei in grado di studiare il *target* (ovvero il pubblico) a cui ti riferisci, non sarai mai capace di creare dei contenuti che siano fruibili e apprezzati da persone alla ricerca di una soluzione: e *tu vuoi che quella soluzione sia la tua e non quella di un competitor.* Di conseguenza, analizzare nello specifico il potenziale percorso di ricerca che condurrà un consumatore a scegliere il tuo prodotto e/o servizio, significa sapere in che modo agevolare la sua predisposizione a comprare dalla tua azienda. L'utente ha bisogno di sicurezza: egli vuole investire il suo tempo e il suo denaro su un venditore che sappia rispondere esattamente alle sue necessità. Non ci sono vie di mezzo: essendo il consumatore al centro dell'interazione profittevole (con cui accrescere il fatturato della tua realtà imprenditoriale) o ti associ alla sua mentalità, oppure chiudi bottega e scegli di occuparti di un'attività più adatta al tuo modo di pensare. Ti chiederai: *"e quali sono le caratteristiche di questo potenziale consumatore?"* Sebbene esse dipendano in larga misura dalla nicchia di cui ti occupi (ovvero, cosa vendi? Quando e come lo fai?), in linea generale, ricorda sempre che il potenziale interlocutore online è interessato a:

---

1 Il Customer Journey è il processo che determina l'interazione profittevole tra acquirente e azienda. Questo «viaggio», che parte dalla necessità di vendere e comprare un prodotto/servizio, si conclude con la transazione, l'acquisto da parte del cliente. Le varie tappe intermedie, online e offline, sono dette touchpoint.

- **Affidabilità:** in cui rientra anche il discorso del *feedback* inteso come punto di partenza da cui massimizzare la *brand identity*[2] della tua azienda;
- **Rapidità:** il cliente vuole avere a disposizione una soluzione alla sua problematica nel modo migliore possibile, investendo al minimo il tempo che ha a disposizione. Non è un caso che la top 10 delle ricerche Google (ovvero i primi risultati che escono digitando nella barra di ricerca) siano sicuramente i più cliccati, pagati - e alle volte anche sponsorizzati - da chi desidera visibilità. Ne parlerò meglio nel corso delle prossime pagine, ma ti basti sapere che un imprenditore di successo deve essere in grado di analizzare le potenzialità del *digital* in maniera oggettiva e consapevole. Ti sto per svelare una grande (e triste) verità: nessun brand si occupa di massimizzare la sua autorevolezza, almeno che non si stia parlando di marchi importanti e/o internazionali. Pochi imprenditori credono alle possibilità di guadagno online; molte sono state le delusioni che costoro hanno subito nel corso degli anni.

La mia domanda è la seguente: "Siamo certi che queste persone si siano affidate a professionisti competenti, o possiamo esser sicuri del fatto che molti abbiano optato per un fai da te destinato a ingenerare un ciclo di perdita economica (nonchè di frustrazione) senza precedenti? Non è il canale ad essere manchevole e sbagliato: è la tua mentalità imprenditoriale ad essere incapace di cogliere le sue potenzialità.

---

2 Per brand identity si intende l'insieme degli elementi comunicativi che determinano la reputazione di un marchio da parte del suo pubblico. Questa visione del consumatore è emotiva ed istintiva – ovvero fa riferimento ai valori di una data nicchia commerciale – e da essa l'indice di gradimento e il successo di un'azienda.

Capitolo 2

2.1 AMMETTERE I PROPRI LIMITI

È il primo passo per incominciare un nuovo percorso.

A volte parlo con imprenditori ancora convinti che il loro antiquato sistema di condurre l'azienda non sia la causa dell'immobilità aziendale e di conseguenza della diminuzione del fatturato, ma che sia la crisi, più semplicemente, ad aver rovinato tutto. *La crisi non è un'invenzione o un alibi,* ma le problematiche negative che molte attività vivono nel quotidiano nascono dal non essere al passo con i tempi. Anche avere il denaro, ma in una società spenta, non è un valore.

È ora di uscire dal guscio e fare qualcosa.

Se sei arrivato fin qui, non è solo perché hai avuto i soldi, ma è perché hai saputo amministrarli bene. Ora certamente fai più fatica, ma se comprendi che è sufficiente modificare il modo di ragionare, sono certo che tutto può tornare a muoversi.

Come può un imprenditore perdere la propria curiosità, la propria voglia di farcela nelle sfide, la propria voglia di crescere e di dare possibilità a chi merita?

E si! Chi merita! La famosa Meritocrazia. Ma che ne sanno alcuni! E quanti hanno subìto, invece la non corrispondenza della Meritocrazia. Oggi puoi avere le idee più geniali e tutti i soldi che vuoi, ma se non conosci un vero metodo e non impieghi le tue energie per portarlo a termine, non vai da nessuna parte. È finito il tempo in cui si vinceva semplicemente abbassando il prezzo o inserendo un materiale nuovo (a volte di finzione) in un articolo, per avere la meglio. *Chi acquista i nostri prodotti, non è più analfabeta.* Viviamo in una società di laureati (almeno così dovrebbe essere).

Cosa stai meritando oggi? E i tuoi dipendenti o collaboratori cosa stanno meritando?

Prova a riflettere. Sai cosa stanno facendo i tuoi dipendenti, vero? Hai il pieno controllo sulla tua azienda? O hai delegato tutto alle persone sbagliate? Quelle che quando alzano il telefono per rappresentare i tuoi sacrifici rispondono svogliati e con menefreghismo ai tuoi clienti?

Ti parrà strano, ma ti garantisco che è all'ordine del giorno avere quadri aziendali che si comportano così e fanno credere che tutto vada bene. Il fatturato di un'azienda è sì indice di salute, ma non è l'unico. I tuoi dipendenti e i clienti sono quelli che, spinti al massimo, hanno il potere di aumentare o diminuire il fatturato. Il cliente deve ritornare a essere la cosa più importante. Non va dimenticato o trattato come una fonte di disturbo: vedremo più avanti perché, *sebbene mi sembri abbastanza ovvio!*

2.2 COME SI LAVORA NELLA TUA AZIENDA OGGI?

Non so tu, ma molti di quelli che ho visto sono rimasti fermi all'ultimo sistema che gli permetteva di fare soldi. Quasi come i superstiziosi che vanno al casinò con lo stesso vestito e le stesse mutande che indossavano il giorno dell'unica vittoria. Alcuni usano ancora un eccesso di carta, penne e calcolatrici, noncuranti del fatto che è pieno di piattaforme informatiche che schiacciando un tasto permettono di fare in mezz'ora il lavoro di un giorno di due persone.

Qui sì che il click velocizza e risolve problematiche di costi e tempo.

Non voglio dire che grazie al progresso bisogna eliminare il personale, ma certamente trovo antieconomico avere persone che - a causa della limitata evoluzione - non portino un valore aggiunto all'interno dell'azienda. La famosa meritocrazia ingloba anche questi concetti. Avere un dipendente che per paura di perdere il posto non promuove migliorie per sé stesso e per il proprio lavoro è deleterio.

Ma la colpa spesso è di chi comanda.

Sei tu a non aggiornarti, vuoi diventare mago del web ma sei rimasto al periodo in cui si pensava che bastasse avere un sito (magari programmato da te o da tuo figlio laureando in ingegneria informatica) per fare la differenza.

Non è più così, tutto è cambiato.

Se i tuoi dipendenti possono essere sostituiti da dei processi, forse tutta la tua azienda può essere sostituita da dei processi. Quindi o si cerca di dare un senso e una logica a tutto il tuo modo arretrato di lavorare, altrimenti quando i tuoi competitor impiegheranno due ore a fare operazioni per cui tu impieghi due giorni, i consumatori se ne accorgeranno e ti lasceranno in disparte. Brutto scenario, ma veritiero ed attuale. Altroché apri un sito e fai volare la tua azienda con un semplice click.

Breve messaggio anche ai dipendenti: *"L'evoluzione va presa in considerazione da tutti, finché andiamo alla ricerca del "posto fisso o nulla" e non apriamo i nostri occhi, non possiamo lamentarci di essere disoccupati".*

2.3 DEVI PREOCCUPARTI?

C'è da dire una cosa. Se hai deciso di leggere questo piccolo manuale fino qui è perché hai intenzione di cambiare qualcosa.

Parti da cambiare te stesso e la tua mentalità. Parti dallo smettere di credere di essere l'unico in grado di conoscere come va il mercato. Parti e smetti di mettere i tuoi dipendenti a pubblicare senza senso sulla pagina Facebook aziendale; mi riferisco a quella che - oltre ai tuoi amici, quelli dei dipendenti e tre clienti fidelizzati che acquistano da te secoli or sono - non viene impiegata come uno strumento marketing. Soprattutto, cerca di ascoltare la tua azienda a partire dai piani bassi, spesso abitati da giovani. Non avere paura di relazionarti con i dipendenti e di chiedere loro un aiuto. Ricostruisci la tua azienda affidandoti alle giuste persone. Magari non lo sai, ma chi hai accanto da molto tempo potrebbe essere una zavorra per la tua azienda.

Mi auguro che non sia così, ma prova a viverti la realtà imprenditoriale da esterno: guarda come i tuoi commerciali rispondono ai tuoi clienti, presta attenzione al fatto che facciano il bene dell'azienda e quello del cliente, nota se sono davvero dei commerciali o si limitano ad inserire passivamente ciò che i consumatori chiedono (un "data entry" costa molto meno di un impiegato commerciale). Metti in condizioni la tua azienda di fare un salto di qualità partendo dagli strumenti informatici e da chi li usa.

Dai spazio a chi davvero merita di averne.

L'azienda serve a fare soldi. Un amico serve a tutt'altro. Il padrone è morto e sepolto. Se hai un'azienda dove la comunicazione fra te e il tuo personale è ridotta ai minimi termini, è ora di agire, di recuperare! Non parlare loro solo di conti, responsabilizzali a colpi di incentivi e portali a raggiungere degli obiettivi, che non si limitino solo ad aumentare il fatturato.

Vuoi guadagnare solo tu?

Lavora da solo!

Per i tuoi dipendenti devi essere un supereroe, non un *"trattieni-sbadigli"*. Anni di *"lo faccio contento così non rompe"* creano distorsioni irrimediabili. Non comportarti da padrone, ma da Comandante! Circondati dei migliori professionisti, recupera il rapporto e la fiducia dei tuoi dipendenti e rimettiti in gioco in prima persona.

Ho conosciuto Imprenditori che ad un certo punto lo yacht hanno dovuto venderlo perché le cose non gli sono andate poi così bene. Un amministratore di tutto rispet-

23

to, al passo coi tempi, che abbia compreso che il mondo è cambiato, sa che è arrivato il momento di migliorare, nonostante il fatturato aziendale positivo.

Ancora un momento di auto-target: alla fine non saranno in molti ad avere il coraggio di terminare questo libro!

2.4 TITOLARI E DIPENDENTI: COME VEDO IL FUTURO

Voglio essere realistico e basarmi solo sulla mia esperienza di vita. Questo è solo il mio pensiero. Ciò che ha fatto sì che io credessi sempre in me stesso e trovassi un lavoro che mi permettesse di collaborare a diversi progetti senza pietrificarmi in una sola azienda.

Le aziende del futuro le vedo gestite da titolari o società, insieme a collaboratori capaci, in grado di mettere l'impresa in condizioni di farcela, ma rischiando tutti (proporzionalmente) il famoso fondo schiena. Nel mio futuro, dove probabilmente non riceverò nemmeno una pensione, non trovo spazio per dipendenti a posto fisso.

È il progresso a dirlo, non io.

Oggi la maggior parte delle persone che conosco lavorano in proprio, una volta era un'occasione trovarne una. Vero, non tutti riescono nell'intento, ma il trend è questo.

Meglio partire conoscendo il da farsi piuttosto che rincorrere la vita.

Ricapitolando gli ultimi concetti, ciò che devi comprendere è che il primo a dover fare il primo passo sei tu. Non è colpa dei tuoi dipendenti se la tua azienda non va come una volta, non è colpa della crisi. **La colpa è tua.**

E se credi sia colpa dei dipendenti, cambiali, altrimenti sei solo loro complice. Oppure prova ad istruirli al meglio e crea una squadra "capitanata" da te. Ci sono aziende che pur vivendo attivamente e senza problemi, ad un certo punto della loro carriera hanno capito che qualcosa doveva essere cambiato per non dover decidere definitivamente di chiudere (bisogna guardare lontano).

Le ragioni possono essere molteplici: cambia una moda, il prodotto non è più in regola con le leggi, arriva un competitor che ti straccia, deludi un cliente, etc. Ma come il mondo cambia, anche tu puoi pensare di aprire nuovi mercati. Magari non vendi più in Italia ma hai un mondo a disposizione in cui poter vendere i tuoi prodotti.

La ricerca e lo sviluppo delle nuove tecnologie permettono di fare meglio, perché non ne trai vantaggio? Non devi avere paura delle conseguenze, soprattutto se ti circondi di dipendenti e collaboratori validi. Da soli si fa ben poco e lo si fa a fatica, con o senza risultati (ti parlo di verità che ho testato sulla mia pelle).

Persino io nel mio piccolissimo, da solo non potrei portare avanti tutto il mio progetto.

Se non cambi tu non cambia la tua azienda! Ok?

Abbiamo aggiunto un altro piccolo tassello? Mi auguro di si.

Ma continuiamo a parlare della tua realtà imprenditoriale e del come si lavora. Quando eri piccolo e incontravi persone che da molto tempo non vedevi, esordivano spesso con frasi: *"come sei diventato grande, come sei ingrassato, come sei dimagrito"*. Insomma, chi non ti vedeva da anni restava con la vecchia immagine di te nella mente e rimaneva strabiliato dai cambiamenti che avevi avuto durante tutto quel tempo. Di contro, chi ti ha di fronte tutti i giorni, non nota di certo queste trasformazioni, a meno che non si stia guardando un vecchio filmato o delle foto.

Cosa significa questo?

Significa che se vivi tutti i giorni la tua azienda, difetti e pregi diventano una routine e arrivi ad un punto in cui l'unico indice per comprendere se tutto va bene sono i numeri derivanti dal tuo bilancio.

Sai che alcune aziende col passare del tempo hanno scoperto che i pregi erano diventati i difetti? Bisogna sempre stare sul pezzo, bisogna sempre avere un orecchio che ascolta il consumatore e dare ciò che viene chiesto, ma di questo ne parleremo più avanti.

Qual è il flusso di lavoro della tua azienda? Prendi un pezzo di carta ed una penna, fai una piccola autoanalisi.

Mettiti seduto, chiedi alla tua segretaria (se ne hai una) di non passarti telefonate e di non disturbarti per almeno una mezz'oretta. Ma stai in ufficio, non andare da nessun'altra parte. Concentrati e cerca di capire il flusso che porta il tuo cliente a ricevere la merce che ti ha ordinato.

Da cosa parte?
Cosa accade in tutto il flusso?
Quante persone se ne occupano?

Come va da un reparto all'altro?
Quali sono gli intoppi?
Quali sono i pro?
Quanto tempo ci vuole affinché il tutto sia pronto?
Quando riceve la merce il tuo cliente?
Quali criticità trova?
Il cliente riacquista?
Perché riacquista?

Una volta redatto il prezioso documento, prendi i tuoi capi reparto e chiedi di fare la stessa cosa. Analizza insieme a loro i risultati, senza parlare del tuo flusso. Ora dì di far fare ad ognuno dei propri sottoposti la stessa analisi, sottolineando i pro e i contro di tutti i processi.

Ti accorgerai che la distorsione che c'è nella tua azienda è molto più ampia di quella che credi. Le persone sono persone, ed ognuno ha esigenze e percezioni diverse. Il prodotto è in continuo cambiamento e non si può pensare di procedere a gonfie vele senza un piano di marketing adeguato: se non hai idea di cosa io stia decidendo, non preoccuparti; ho preparato un capitolo bonus in cui ti guiderò – step-by-step – verso la creazione di un *plan ad hoc* per le tue esigenze! Il punto, però, è il seguente: *conosci davvero la tua azienda?*

Forse da questo piccolo esperimento puoi notare che qualcosa da modificare c'è. E puoi renderti conto che magari hai delle persone con una mentalità aziendale più ampia e libera della tua o dei tuoi quadri. È di loro che devi iniziare a fidarti. Chi vive il quotidiano scovando gli intoppi e gli imbuti è la persona giusta che può risolvere al volo il problema, perché obietta dall'inizio, è pragmatica. Sempre, nelle aziende chi comanda non conosce il reale bisogno dei propri clienti, perché è rimasto a quando in azienda c'era solo lui e i clienti chiedevano le medesime offerte, le stesse proposte.

Sono passati 30 anni, sveglia! Se ti incontrasse un cliente che non ti vede da 30 anni ti direbbe: *come sei invecchiato!*

Prova a dare fiducia a chi merita davvero di averne, non solo da chi ti ronza attorno da anni. I rapporti fra le persone sono qualcosa che esulano dagli affari. Ci sono Titolari di aziende che non conoscono nemmeno il tono vocale di alcuni dipendenti. Sbagliato! Si può imparare da tutti e nella storia, la maggior parte delle cose che ora ti deliziano o addirittura ti salvano la vita sono frutto di scoperte casuali. Fai della storia una pietra solida sulla quale appoggiare la tua azienda, ma guarda anche al futuro, altrimenti rischi di diventare titolare di un museo.

Dopo questo test che ha coinvolto la tua azienda non ti resta che riflettere su cosa puoi migliorare. Ti ricordo che devi costruire un team perfetto e che non puoi farlo da solo. Vuoi delegare a qualcuno della tua azienda la correzione dei flussi etc.? Certamente sei libero di fare quello che vuoi, ma se hai trovato delle distorsioni e fino ad oggi nessuno ha fatto emergere il problema, forse è il caso di farsi valutare da un consulente esterno. *Altrimenti potresti ritrovarti a distruggere l'azienda con l'intenzione di volerla migliorare.*

Ci sono gestioni aziendali che vanno bene per le multinazionali con migliaia di dipendenti. Se Coca Cola ha un fatturato con una certa strategia non è detto sia giusto anche per la tua azienda adottare le stesse regole e strategie. Ogni azienda è diversa ed ha esigenze differenti.

Ciò che puoi iniziare a fare, oltre a rivolgerti ad un professionista è cominciare a migliorare la qualità di comunicazione tra i reparti della tua realtà imprenditoriale.

Un altro test? Penserai: *"Mica possiamo continuare a fare un test dietro l'altro!"* Hai ragione, il tempo è tiranno ma questi esercizi servono a farti capire la veridicità di ciò che scrivo.

Parla con i tuoi capi reparto e chiedi loro cosa dovrebbero migliorare i reparti adiacenti (quelli con cui hanno a che fare).

Anche qui ne scoprirai delle belle. Sei pronto allo scarica barile?

Come al solito l'azienda è tua, da imprenditore non potrai fare altro che assumerti le tue responsabilità e attivare un processo di miglioramento comunicativo tra un reparto e l'altro. Non è solo la questione che l'ufficio commerciale sbuffa al telefono con il magazzino e quest'ultimo con la produzione. La questione è che si rallentano dei processi fondamentali e si aumenta la possibilità d'errore nei confronti dei clienti (ti ricordi che il cliente è al centro?)

Lo sai già e sto dicendo cose ovvie? Perché la tua azienda vive ancora così? Per la crisi?

Capitolo 3

DAI IL GIUSTO SUPPORTO INFORMATICO ALLA FORZA LAVORO!

Qualunque lavoro esso sia, alle soglie avanzate di questo millennio, può essere svolto con l'ausilio di una tecnologia migliore, per non dire all'avanguardia. Lo so, tutto questo ha un costo, ma a lungo andare la modifica di alcuni processi informatici o di automazione non possono che portare beneficio alla tua azienda, anche in termini economici.

Come sei messo a livello informatico? Se dovessi darti un voto da 0 a 10 che voto daresti all'informatica presente nella tua azienda? Non parlo di computer nuovi, anche se mi capita di vedere ancora aziende che fatturano qualche milione di euro impiegando terminali con sistemi operativi fermi al 1990, con la scusa che il gestionale (acquistato a 1.500.000 lire nel '89) non funziona sui moderni sistemi. Parlo di quanto il flusso cliente-azienda-cliente è automatizzato o informatizzato.

Che gestionale usi in azienda? Comunicate dall'ufficio commerciale al magazzino con il piccione viaggiatore? Oppure sei un imprenditore che ha compreso l'importanza di avere un'azienda sempre al passo coi tempi? Di quelle che permette allo schiacciare di un click di fare preventivi, vendere, scaricare a magazzino, gestire la logistica e il cliente? E quindi di avere il massimo controllo!

In quest'ultimo caso, molto bene: ci sarà molto lavoro in meno da fare. A patto, però, che i tuoi dipendenti sfruttino al meglio tutte le risorse a propria disposizione. *Altrimenti tu credi di essere al passo con i tempi ma i tuoi clienti ti trovano ancora arretrato.*

Ho conosciuto imprenditori che blasonavano gestionali da centinaia di migliaia di euro ma che in realtà venivano usati dai loro dipendenti al 10% perché preferivano agire di testa propria, magari per risparmiare tempo e uscire all'ora giusta, o per l'esatto contrario, per impiegare più tempo e aggiungere straordinari alla propria busta paga. Credimi, accade di tutto nelle aziende, e la tua non è diversa dalle altre. Fin quando il titolare è presente tutti fanno il loro dovere, appena si allontana il gatto sai come va a finire, non è vero?

La miglior analisi che può essere fatta, sempre facendosi aiutare dal giusto team di esperti e non a sensazione, è quella di prendere il flusso di lavoro, studiarlo e ottimizzarlo in modo da inserire più passaggi automatici possibili. Vi ripeto, il tutto non è a scapito dei dipendenti, al massimo è anti-scansafatiche. C'è sempre bisogno di esseri umani in un'azienda, ma ciò che si può far fare ai computer è meglio farlo fare a loro. Oltretutto una volta programmato il sistema si riducono drasticamente le probabilità d'errore (e il cliente è felice). Pensate ad una volta, quando la contabilità era gestita da uffici interi e i conti si facevano a mano! Pensate a quante probabilità d'errore si potevano attendere alla fine dell'anno!

Non dirmi che sei messo ancora così, non ci credo!

Sarà ridicolo ma ci sono aziende che tengono ancora la contabilità con i fogli elettronici (li chiamo così per evitare pubblicità varie). Poi si lamentano che a fine anno la contabilità è per aria e piangono quando l'Agenzia delle Entrate si accorge che i bilanci sono fatti in modo casuale. Italiani, popolo di furbi, chi vi controlla sa meglio di voi cosa fate, ricordatevelo sempre: puoi fregare il sistema qualche volta ma prima o poi c'è chi ti chiede il conto con gli interessi! Scherzi a parte, meglio evitare brutte sorprese! Affidiamoci all'informatica per avere tutto sotto controllo, dall'amministrazione alla produzione e dall'ufficio vendite al magazzino. Ricordati che tutti possono ingannarti se non c'è un sistema di controllo.

Come? Ti fidi dei tuoi dipendenti?

Ho lavorato per una società a conduzione familiare dove il fratello (il socio) rubava fior fior di quattrini per buttarli nelle macchinette dei bar, e tu ti fidi ancora dei tuoi dipendenti?

Negli affari devi diffidare anche di te stesso! Quindi, sei pronto ad avere un'azienda snella e veloce? Un'azienda silenziosa che si affida ai migliori software (qualora ce ne fosse bisogno, non è obbligatorio) per offrire un grande servizio ai tuoi clienti e ai tuoi futuri clienti? Pensi di non poterteli permettere? Per esperienza posso dirti che molte aziende hanno dei contratti di telefonia talmente vecchi che semplicemente passando a compagnie dell'ultimo modello possono risparmiare i soldi per permettersi di gestire il resto. Tu quanto paghi di telefono in azienda? E i cellulari dei dipendenti?

Io con partita iva spendo 14,90 € al mese con telefonate e sms illimitati e 40 giga di traffico.

Iniziamo a risparmiare? Sì, ma non su tutto.

Si risparmia solo con ciò che non fa la differenza! Non dobbiamo peggiorare ma migliorare e costruire un piccolo margine da investire. Chi ha orecchie per intendere intenda!

Hai visualizzato l'azienda che vuoi? Ecco questo è il tuo obiettivo a lungo termine, ossia quello che vuoi raggiungere. Non ragionare solo in termini di avere più soldi, prova a pensare di migliorare la tua azienda (i guadagni sono la conseguenza di un buon lavoro e di un'ottima gestione economica). Per avere un'azienda perfetta, oltre a diventare <u>tu</u> per primo perfetto, <u>devi</u> poter dar modo ai tuoi dipendenti di essere in grado di gestire il tutto.

Comprendi meglio ora il perché con il fai da te non si fa molta strada?

Il fai da te l'hai già usato fino ad oggi e se ti riconosci in alcune di queste problematiche - o peggio ancora non le avevi considerate affatto - significa che hai bisogno d'aiuto. *Non è una vergogna decidere di farsi aiutare da un professionista, non è forse quello che fanno i clienti con la tua azienda?*

Molti imprenditori sono spesso restii: l'immagine di un terzo professionista che opera nell'azienda sembra essere motivo di dispendio economico aggiuntivo. Eppure, in tanti non si rendono conto del fatto che il *cost saving*

– ovvero la possibilità di abbattere le spese aziendali – è possibile solo nella misura in cui si conosca da principio la modalità di mantenimento della struttura che impieghi per il confezionamento di certi prodotti e/o servizi. E chi meglio di una figura formatasi *ad hoc* su tali fattori può consigliarti nella maniera corretta? Ho scelto di scrivere una **guida** anche su questo argomento. Inutile dire che scoprirai tutte le pillole di saggezza in merito al risparmio aziendale su una delle mie pagine web informative che puoi trovare *a questo link: costsavingmarketing.com,* che ti consiglio vivamente di visitare

Provare per credere!

Capitolo 4

4.1 DIAMOCI UN OBIETTIVO

Al fine di poter raggiungere qualsivoglia tappa devi fissarti un obiettivo. È vero, in molti si muovono a caso nella speranza che i clienti cadano dal cielo e qualcuno ha anche la fortuna di vivere così, ma un'azienda che al giorno d'oggi non si prefigga degli obiettivi e che tenti il tutto per tutto per raggiungerli, non ha senso di stare in piedi. Abbiamo già accennato al *business trendy*, ossia quella moda del momento in cui se "mi butto" posso fare soldi. Ma è un modo di vedere lontano da quello di un'azienda che ha una storia e vuole crearsi un futuro, non credi?

Darsi degli obiettivi significa inoltre, comprendere in base alle analisi di mercato e non solo, se vale la pena investire in un senso piuttosto che in un altro. Possono sembrarti ovvi questi discorsi, ma devi renderti conto che questa guida deve dare una mano anche a chi nel tempo ha dimenticato come si amministra un'azienda e quindi non mastica o non ha mai masticato determinati discorsi. Non demordere, prosegui con la lettura. Sono convinto che anche l'imprenditore più evoluto potrà trovare degli spunti positivi, e semplicemente informazioni a cui non aveva pensato.

Cos'è un obiettivo?
Come direbbe un marketer moderno l'obiettivo deve essere soprattutto *smart*, che non ha nulla a che vedere con le piccole automobili. È un acronimo.

Specifico (*specific*):
Deve poter esprimere in modo chiaro: *"Il cosa, il perché e il modo"* in cui lo si vuole ottenere.

Misurabile (*measurable*):
Deve poter essere espresso numericamente, per esempio ridurre le spese del 5%.

Raggiungibile (*achievable*):
Nel momento in cui ti poni un obiettivo, è necessario definirlo con accuratezza per capirne la fattibilità. Può essere alla tua portata? Oppure è al di fuori dei mezzi che hai a disposizione per riuscire a tagliare i tuoi traguardi vittoriosamente? Immagina di essere alla prima settimana di dicembre e di voler dimagrire di 30 Kg prima del cenone di Natale. *Andresti incontro a un preannunciato fallimento!* Bisogna restare con i piedi per terra, sebbene a tutti piacerebbe aumentare il fatturato del 600%.

Realistico (*realistic*):
Deve valere la pena raggiungerlo, se i costi sono oltre il guadagno e non si parla di investimento, forse è meglio non raggiungerlo e cambiare obiettivo.

Temporizzabile (*time*-based):
Bisogna avere un inizio e soprattutto un termine. In quanto tempo va realizzato tutto questo? Capite l'importanza di quest'ultimo passaggio?

Un obiettivo a lungo termine è composto da una serie di obiettivi che, strada facendo, vanno a raggiungere ciò che nel tempo ci siamo prefissati. Inoltre, avere delle tappe intermedie è fondamentale per comprendere se stai andando nella giusta direzione o se devi cambiare qualcosa.

Può capitare di sbagliare obiettivo o strategia, e possono capitare eventi in grado di far cambiare in corsa obiettivo e strategia nello stesso istante. Pensate al famoso 11 Settembre. Il mondo si è fermato, e per molti aspetti soffriamo ancora oggi per il colpo che a livello mondiale abbiamo incassato. E cosa dire della pandemia che molto probabilmente ti ha spinto a leggere questo testo? Il COVID-19 è stato motivo di timori, stravolgimenti, grandi trasformazioni e paura: la paura che niente fosse in grado di tornare com'era prima. Ti ho già detto in che modo penso di poterti dimostrare come – al di là di quanto detto – la situazione economica e commerciale che stiamo vivendo possa essere un nuovo inizio, un punto di partenza zero da usare immediatamente a tuo vantaggio. Bisogna sempre essere pronti anche a dinamiche di ordine ben meno grave di queste catastrofi, ma è sufficiente l'attacco di un competitor per poter rovinare le uova nel paniere, e vi garantisco che non è una cosa che capita così di rado.

Anche i competitor hanno le loro strategie, alcuni studiano le tue e ti attaccano in relazione ai tuoi punti deboli. Tu non lo fai con la tua concorrenza?

Male!

La concorrenza va studiata nei minimi dettagli, non puoi andare in guerra senza conoscere il nemico e la storia dovrebbe averti insegnato qualcosa a riguardo.

E soprattutto: basta pensare di essere i migliori o di essere coperti da brevetti. Quest'ultimi vanno e vengono, prima o poi come sei arrivato tu, può arrivare qualcun altro. Puoi restare leader di un settore ma ti toccherà dare una fetta di torta anche al tuo competitor.

"Coca Cola e Pepsi" ti dice qualcosa?

Una volta deciso dove vuoi arrivare e compreso la fattibilità di tutto questo è tempo di strategia.

Il tuo obiettivo qual è?

Aumentare il fatturato?
Diminuire le spese?
Aumentare il margine?
Aprire un nuovo stabilimento?
Comprare un nuovo yacht?

Nella vita e soprattutto nel lavoro, scherzi a parte, tutto è possibile. Bisogna solo studiare le migliori strategie e pianificare il da farsi. La pianificazione è alla base di tutto, è all'apice della riuscita di un piano strategico. Nella pianificazione del lavoro per raggiungere tutti gli obiettivi che ci siamo posti di raggiungere, deve esserci il chi fa cosa e chi controlla e si assume la responsabilità della buona riuscita. Capisci ora perché credo che nel futuro le aziende saranno una sinergia di collaboratori e non di fannulloni?

Se hai da perdere qualcosa, fai di tutto per far si che il tutto funzioni al meglio e se hai delle difficoltà fai di tutto per superarle. Se hai la pappa pronta e non rischi è più facile fregarsene. Ricordiamoci che siamo esseri umani e pianificare non significa incatenarsi ad un calendario. Tutto si muove, programmazione compresa.

La pianificazione è un "calendario" da seguire, una linea guida che ti porti, tappa per tappa ad eseguire tutti i passaggi utili, studiati in fase di strategia, ma ciò non significa che debba essere presa come oro colato. Se durante il percorso ti accorgi che puoi velocizzare hai il dovere di farlo; se devi rallentare hai l'obbligo di parlarne e di capirne il motivo, e nel caso arrestarti per un po'. Se ti accorgi che a causa del mercato o di un colpo ricevuto da un competitor devi saltare dei passaggi e passare dritto al sodo, il tuo comportamento non deve essere quello di pensare *"abbiamo deciso così e così sia"*, ma prendere i giusti provvedimenti.

La strategia funziona quando porta risultati, se porta a degli inviluppi bisogna avere la prontezza di cambiare senza perdere terreno.

Pensa alla Formula Uno; l'obiettivo per alcuni è vincere, per altri è migliorarsi per vincere, per altri ancora *"solo migliorarsi"*. Ma se il nostro competitor ha un problema io certamente non rallento perché il mio obiettivo è semplicemente migliorare. In una situazione del genere come bisogna reagire?

Il team coglie l'occasione per portare al massimo la competizione, qualunque sia l'obiettivo o la strategia studiata per quella domenica.

Ovviamente (mi ripeto per coloro che si sono collegati solamente ora) è il team che vince e non solo chi guida o peggio ancora il proprietario della scuderia.

A maggior ragione se credi di avere tutte le carte in regola ma l'azienda non accelera, forse il team va istruito meglio. E se fino ad oggi non hai avuto miglioramenti, non dare colpa ai dipendenti, ricorda che l'azienda è tua e tu la vivi nel presente in modo attivo (almeno così dovrebbe essere).

4.2 DUE PAROLE SUL TEAM

Deve essere affiatato ma non è dispensabile sia composto da amici. È necessario il rispetto fra le persone, ma un po' di rivalità non guasta. Soprattutto tra i commerciali.

Amici = Rivali

È un'equazione insolita.

Il motore di un'auto è composto da tantissime parti, differenti tra loro ma tutte utili allo scopo di farlo funzionare. Quando un pezzo si rompe, il motore si ferma. Se si può effettuare una riparazione bene, altrimenti bisogna sostituire ciò che si è rotto. Bisogna avere cura del motore, altrimenti i danni irreparabili porterebbero all'ovvia conseguenza di dover acquistare un'automobile nuova. Ma bisogna avere la giusta forza economica per farlo, altrimenti ti tocca andare a piedi.

Chiaro il concetto?

Capitolo 5

5.1 ACQUISIRE I CLIENTI

Qualunque sia il tuo obiettivo aziendale, certamente per raggiungerlo devi metterti alla ricerca di clienti. Ed ovviamente gestire quelli che già possiedi.

Quali strumenti usi ad oggi in azienda per acquisire nuovi clienti? Prova a scriverteli sul solito foglio. A questo punto ti consiglio di usare il piccolo taccuino che trovi all'inizio del libro, dove appuntarti tutti i tuoi pensieri e strategie (non ti consiglio
il computer perché a mio parere fa riflettere meno). Ci sono svariati modi al giorno d'oggi per acquisire clienti e nessuno può sostituire un approccio che può effettivamente essere vincente per la tua azienda. *Tutto dipende da quale articolo o servizio produci o vendi.* In ogni caso, è importante che a cambiare sia il tuo *mindset*. La tecnologia è uno strumento importantissimo e – sebbene alle volte sembriamo incapaci di cogliere le sue effettive potenzialità – è anche vero che essa determina un nuovo modo di lavorare, di comunicare, di accrescere la tua realtà imprenditoriale.

La rete commerciale
Considerata morta da alcuni imprenditori, troppo costosa da altri o inutile per altri ancora. A mio parere se organizzata e pianificata, anche oggi può essere considerata un ottimo strumento di vendita.

Il porta a porta
Considerato da tutti ormai desueto a annoiante, rimane il fatto che chi lo usa al meglio ne trae discreti profitti. Ci sono ad oggi ancora molte aziende che si affidano a questo sistema di vendita e a volte lo combinano con *telemarketing* o altre tipologie di azioni commerciali.

Il telemarketing
Come il porta a porta considerato estremamente invasivo e di disturbo, ma anche qui grandi aziende ne traggono dei benefici economici di tutto rispetto.

Il web
Il posto in cui gratuitamente e con un semplice click si diventa milionari.

Fra tutti i metodi citati, e dei quali non sto a specificarne certamente le funzionalità e i migliori impieghi, vorrei soffermarmi solo sul Web. Questo strano luogo dove tutto sembra possibile, ma provando ci si sconforta e si ritorna al porta a porta piuttosto che agli agenti di commercio.

Sei sicuro di aver compreso bene come funziona?

Lo so, stai pensando:

"Ho già provato con un consulente o con il figlio di un mio dipendente ingegnere informatico ma la cosa non

ha funzionato, quindi non credo in queste cose (manco fosse una disciplina olistica o magica)". Nonostante tutto credo sia opportuno comprendere meglio a cosa ci si riferisce quando si parla di *web marketing.*

Sarà l'unico momento in cui ti insegnerò dei vocaboli, che probabilmente hai già sentito, e ti spiegherò a cosa servono determinate strategie. Non lo faccio perché voglio spiegarti il come funziona, a questo punto del libro avrai capito bene che per me è importante che ti rivolga a dei professionisti più che a pensare di far da solo, o peggio ancora incaricare il tuo dipendente più consapevole e più brano nell'usare un computer.

Ma prima di passare alla strategia, una piccola domanda.

Chi è il tuo cliente? Ovvero, quale dovrebbe essere il tuo cliente ideale? Quello con il quale hai intenzione di raggiungere il famigerato obiettivo a lungo termine? Lo conosci davvero?

5.2 TARGET / BUYER PERSONAS (IL NOSTRO CLIENTE TIPO)

Prima di vendere il tuo prodotto, di riflettere o studiare nuove strategie, ci sono delle domande che devi per forza porti. In questo capitolo desidero introdurre dei concetti molto basilari che saranno successivamente motivo di analisi più approfondita. In che modo? Non soltanto avrai la possibilità di mettere in pratica i miei suggerimenti, ma potrai contare su una vasta gamma di pubblicazioni e di articoli più specifici sull'argomento. Attenzione, dunque: non soffermarti mai sulla superficie delle nozioni che potrai aggiungere al tuo personale bagaglio culturale mediante le pagine che stringi tra le mani. La strada per il successo richiede studio, approfondimento e anche una buona dose di fatica (o in alternativa di accortezza, scegliendo un professionista che possa spiegarti – così come sto facendo io – quello di cui hai bisogno per capire in che direzione la tua azienda sta procedendo). In ogni caso, torniamo a noi: come definire un *potenziale* cliente? Come capire qualche tipologia di *presunto* interlocutore commerciale sia adatto a me e ai miei prodotti aziendali?

Certamente la prima è: *chi è il mio cliente ideale?* Il consumatore con cui ti interfacci è al centro del processo produttivo e pubblicitario. Non c'è modo di nasconderti dietro a un dito: quello che devi fare è comprendere in che modo trasmettere un dato messaggio nel modo esatto in cui la persona con cui ti relazioni vorrebbe conoscere ciò che hai da dirle.

Trovo inutile scervellarsi per capire come vendere se non sai a chi vendere!

È quindi molto importante creare un modellino del tuo cliente ideale.

Il metodo migliore, converrai con me visto il bel lavoro che hai fatto fino ad ora, è quello di porti delle domande:

È maschio o femmina?
Quanti anni ha?
Dove vive?
Che lavoro fa?
Ha una famiglia o è single?
Che hobby ha?
Che luoghi frequenta?
Va in palestra, aperitivi, riunioni,
convention, seminari, mostre d'arte, teatro?
Vive in appartamento o in una villetta?
Ama stare isolato dalla società o vive in
città?
Usa il computer?
Usa i social network?
Che uso fa dei social network?
Acquista online?
Principalmente dove acquista online?
Perché acquista proprio li?
Come si muove l'azienda on line dalla
quale il mio cliente acquista?
Ha dei figli?
Ha necessità di un prodotto per sé o ne
vuole uno per ogni componente della
famiglia?
Ha studiato?
Ha cultura?
Si informa?
Segue i blog?
Va sui forum?
Parla bene dei prodotti della concorrenza?
È interessato a sconti o promozioni?

Potrebbe essere indotto a lasciare dei
feedback?
È un malfidente?
È un so tutto io?
È uno "acquisto dall'estero" per fare il
figo?
È uno "acquisto dall'estero" perché
risparmio?
È uno "acquisto dall'estero" perché in Italia
non meritano niente?
È uno a cui si possono spiegare le cose?
È uno che acquista senza problemi?
Usa la carta di credito in rete?
Ha paura che gli clonino anche la licenza di Pesca?

Una volta creata una fedele miniatura del tuo cliente tipo, non ti resta che andare a cercarlo, e proporgli di diventare un tuo effettivo interlocutore commerciale, facile vero?

In un Week-end col "guru" sì, nella realtà c'è molto lavoro da fare.

Ovviamente il cliente va fidelizzato, prima di poterlo considerare tale. È facile vendere un prodotto ad una persona? Il massimo che tu possa ottenere è far felice il cliente.

Come puoi intercettarlo?

Prendiamo in considerazione, in primis il web e la rete commerciale (che sia itinerante oppure composta da impiegati) cercando di capire innanzitutto se è il metodo giusto per vendere il tuo prodotto e/o servizio. È vero che il progresso avanza ma è anche vero che è molto difficile vendere un cono gelato su Amazon (mentre una rete locale di agenti potrebbe).

La vendita su internet oggigiorno è davvero una cosa alla portata di tutti.

A parità di visibilità vince il prodotto più richiesto. È una grande cosa questa.

Se il prodotto funziona c'è una grande possibilità che possa funzionare anche su internet. È molto difficile il contrario invece, come abbiamo già visto. Ricordo ancora l'importanza dei feedback ricevuti su uno dei primi e-commerce mondiali, eBay. Le recensioni degli utenti permettono di creare una gerarchia: al primo posto gli articoli meritevoli, in basso quelli che – pur pensando di crescere su internet – determinano la "morte" dell'azienda e della sua reputazione/autorevolezza online (e offline).

Ebbene, ciò che avviene davanti ai miei occhi è davvero preoccupante: i commercianti italiani non ne sono convinti e credono che aprire un e-commerce serva a svuotare il magazzino vendendo, all'idiota di turno (magari estero), le cianfrusaglie accumulate negli anni e mai vendute. Dopo lamentano che il commercio elettronico non funzioni! Il punto è proprio questo: poche aziende sono autocritiche a tal punto da pensare che – contro ogni previsione – è assolutamente certo un fallimento imprenditoriale senza un processo di adeguamento sostanziale. Nel corso degli anni ho parlato con una vasta gamma di imprenditori, focalizzati su filiere produttive totalmente differenti le une dalle altre: gli uni non volevano rendersi conto del potere del digital (nonostante l'azienda andasse a rotoli), altri ancora pretendevano di vendere un pro-dotto di punta (un top di gamma) senza neppure lavorare sulla visibilità delle specifiche tecniche di quell'articolo e/o servizio. In che modo pensi di poter raggiungere la vetta? Com'è possibile che non ci sia mai modo di fermarsi un attimo a rileggere: *"Se sono Capitano di questa nave, dove ho intenzione di attraccare? Non sto forse mandando a morte certa i miei marinai?"*

Su internet si vende tutto ciò che interessa agli uten-ti! Ti ricordi questo concetto? Quindi, dopo aver definito il tuo cliente, il gioco sta nell'essere capace di aprire una vetrina di passaggio presso tutti i monitor degli utenti a target collegati ad internet.

Hai compreso quanto è importante conoscere i propri clienti a priori?

Basta pensare che Facebook sia un luogo in cui fare soldi, smettila di investire tempo e denaro seguendo webinar e corsi settimanali di aspiranti e saccenti marketer che pensano di poter risolvere i problemi aziendali con un paio di post curati grafi-camente. Il problema è la mentalità; il vero errore sta nel non saper sfruttare al meglio gli strumenti che sono a tua disposizione. *I social network non sono il fine, ma il mezzo con il quale tornare a far fiorire la tua azienda!* Facebook non è la piattaforma di vendita che tutti vogliono farti credere (gli utenti si collegano per passare una mezz'ora in totale tranquillità, senza voler pensare a soldi, investimenti, guadagni, sponsorizzazioni ecc.) ma un luogo in cui riuscire a studiare il target e i tuoi competitors. Cosa fanno? Quale tipo di users entrano in contatto con i post che vengono pubblicati da realtà imprenditoriali che – pur operando nella tua stessa nicchia – possono contare su un nutrito gruppo di followers? Potresti renderti conto che questa fantomatica buyer personas (il cliente tipo di cui ti parlavo poco più su) che devi studiare, ascolta un certo stile musicale, guida una data macchina o – nella maggior parte dei casi – ha un certo titolo di studio. Osserva, interpreta, analizza e rifletti sui materiali che hai a disposizione. Non hai bisogno di un guru, hai bisogno di conoscere in che modo ottenere risultati visibili a partire dai dati che hai sempre di fronte ai tuoi occhi, senza nemmeno farci caso!

Ti sembrerà complesso ammetterlo, ma oggi il web ti viene incontro con strumenti decisamente precisi e creati *ad hoc* per questo scopo. Non si vende più a caso!

È finita l'epoca "del faccio milioni di volantini e qualche consumatore disperato riesco a beccarlo!"

Qual è il tuo settore?

Prodotti tipici toscani, mozzarelle di bufala, materassi in lattice, automobili, accessori auto, tende e tessuti, bevande, strumenti musicali, polizze assicurative, prodotti finanziari, applicazioni informatiche, siti web, consulenze, e chi più ne ha più ne metta.

Credi sia più facile vendere questi servizi o prodotti a chi li sta cercando oppure mettendoti a gridare in piazza?

Sei capace di intercettare il tuo target?

Hai intorno molti professionisti che possono semplificarti la strada e soprattutto indicarti la giusta direzione da prendere, basta rendersene conto e reagire.

Voglio lasciarti al prossimo capitolo con una riflessione che penso calzi a pennello: quali sono gli obiettivi secondari che puoi sempre scegliere di perseguire tramite Facebook? I social network sono la vetrina ideale da cui riuscire a scaldare i lead[3]. Ti chiederai: "Cosa significa tutto questo? Qual è il processo che mi permette di avere più contatti con potenziali acquirenti?" L'individuo in questione ha espresso a chiare lettere la sua intenzione: ha scaricato contenuti di qualità dal tuo sito (ne parleremo nei prossimi capitoli, non avere fretta), ti ha chiamato per ottenere maggiori info e magari ha scelto di visitare il tuo store fisico/offline. Quello che tu vuoi, è ottenere la sua **fiducia.** Per riuscire nell'intento, ci sono tre step di crescita aziendale che puoi scegliere di perseguire online:

- L'utente è alla ricerca di risposte e risorse *(Awareness Stage):* cosa puoi offrirgli? Puoi scegliere di pubblicare un ebook digitale gratuito, un video-tutorial, un webinar informativo o contenuti che siano volti a spiegare ciò che fai. Un esempio? Sei un ristorante affermato localmente, ma vuoi anche domi nare la classifica online dei tuoi competitors. Molti consumatori sono interessati alla ricetta *x*, la punta del tuo menù. Prepara un video di pochi minuti e opta per mostrare una versione alternativa del noto piatto.

---

3   Con il termine in questione, infatti, si fa riferimento a un utente po-

tenzialmente intenzionato all'acquisto di un certo prodotto e/o servizio. Il lead è un user che ha mostrato interesse per ciò che fai/vendi: egli si trasforma da semplice visitatore e interlocutore commerciale mediante un processo di comunicazione vincente.

Do ut des (offro un quid in cambio di qualcosa), i latini avevano ragione!

- L'utente cerca di capire se il tuo prodotto fa davvero al caso suo *(Consideration Stage):* cosa puoi offrirgli? Guide e video dimostrativi che sono focalizzati maggiormente sulle specifiche tecniche di un dato prodotto e/o servizio. In alternativa, opta per un case study[4]!

- I lead devono scegliere in ultima istanza se acquistare proprio da te *(Decision Stage):* cosa hai da offrirgli in più dei competitors? Come pensi di battere la concorrenza se non la conosci? Come pensi di analizzarla se non mediante ciò che fa/non fa online (blog, post, social network, sondaggi ecc)? Puoi offrire demo dei prodotti, campioni gratuiti (magari in cambio di un'e-mail o di un contatto telefonico), un preventivo gratuito o una *free trial* (una prova) per testare l'efficienza del tuo specifico articolo.

Apprenderemo nel corso del nostro viaggio le tecniche più efficienti mediante cui offrire qualcosa (sia sui social sia sul tuo sito web) allo scopo di creare contenuti online fatti a misura di visitatore *(content marketing).* Solo in questo modo, infatti, sarai in grado di *scaldare l'user,* rendendolo un possibile interlocutore commerciale, fidelizzato e consapevole della bontà dei tuoi prodotti e/o servizi.

---

4 Un semplice caso di successo conquistato dalla tua azienda: è stata citata su un giornale famoso? Ha vinto un premio del settore? Ha partecipato a uno show televisivo? I social sono un potente mezzo di conferma e di riprova online, non dimenticarlo!

53

Capitolo 6
RACCONTIAMOCI UNA STORIA: COSA VENDO?

Nulla si è fermato! Il punto è che questo mondo non regala più nulla! Se vuoi qualcosa devi meritartelo. È finita l'epoca in cui bastava essere bello per diventare un attore famoso! Vivi nell'era dei reality. *È il talento il vero protagonista.* Tutto è saturo e prima o poi l'essere umano dovrà fare una scelta:

*   la mediocrità gratuita;
*   la qualità a pagamento.

Non è detto che a pagamento significhi necessariamente vincente! Occhio sempre alle fregature!

Fatta questa piccola considerazione e detto che oggi per vendere qualunque prodotto è necessario avere un metodo corretto, andiamo a vedere cos'altro può esserti d'aiuto.

Per generalizzare il nome e la tipologia dell'oggetto che metteremo in vendita, lo chiamerò *"Prodotto"*.

Sei pronto a prendere in mano il taccuino?
Lo trovi in direttamente al termine del manuale che stringi tra le mani!

Si parte facendo una considerazione generale in merito alle specifiche tecniche della situazione attuale, analizzando i seguenti punti (non sono in ordine di importanza, il nostro cervello non pensa in ordine alfabetico):

- *Grandezza e peso del prodotto che immetti sul mercato:* è semplice da gestire, riesce a soddisfare gli standard di praticità e funzionalità di cui i consumatori hanno bisogno?
- *Utilità:* un fattore imprescindibile se si desidera crescere economicamente con un articolo di qualità.
- *Marca: "è un mio prodotto? Che tipo di prodotto è? Chi lo produce?"* Il cliente vuole conoscere anche la provenienza di un dato quid commerciale, corredato da un certo valore.
- *Quanto costa la fase di produzione?*
- Bisogna importarlo?
- Bisogna esportarlo?
- *Ci vogliono dei dipendenti per produrlo?* Quanto mi costano i dipendenti?
- *Devo avere un laboratorio/magazzino?* Quanto mi costa il magazzino? Quanto tempo impiego a produrlo? Il discorso è funzionale al fine di creare una lista di costi standardizzati che appartengono alla filiera di creazione stessa.
- *La materia prima dobbiamo acquistarla?* Quanto costa la materia prima? Deperisce in fretta? Quanto può durare se lasciato in giacenza? Considera che i discorsi in questione sono fondamentali per chiarire

un potenziale margine di *cost saving*.

- *Lo produce qualcun'altro oltre a noi? Quali differenza ci sono?* I pro quali sono? I contro quali sono? E i pro e i contro del nostro concorrente? Come produce il nostro concorrente? Dove acquista il nostro concorrente? Quanti dipendenti ha? Quanti prodotti produce all'anno? Quanti ne vende e a quanto? Ricorda sempre quello che ti ho spesso ripetuto nel corso di queste pagine: i *competitors* sono un'inestimabile fonte di informazione, non dimenticarlo mai! O ancora: il nostro concorrente fa marketing? Ha un sito internet? Quanti accessi ha mediamente? Su che piattaforma è stato realizzato? È fatto da un professionista? È presente sui social network? Su quali social network è presente?

- Continua a stabilire un'analisi dettagliata delle caratteristiche aziendali dei tuoi competitors: *Quante persone parlano di lui? Ogni quanto tempo postano sui social? Se ne parla anche sui forum specializzati? Su quali forum? Che tono utilizzano sui social? Mettono promozioni? Hanno un blog aziendale? Chi scrive sul blog aziendale? Con che frequenza scrivono?*

- Non dimenticare, infine, l'area marketing: *Qual è la reputazione del prodotto? Se ne parla bene? Se ne purla male? Che opinione abbiamo sui prodotti? Il servizio clienti è efficiente? Il loro prodotto è presente in negozi? Rilasciano materiale promozionale? Effettuano buoni sconto? Effettuano buoni in merce? Formano i negozianti? Quanti mi piace hanno sulla fan page di Facebook? Come hanno fatto ad averli?*

- Concludiamo con una carrellata di consigli finali:

Hanno un logo aziendale? Hanno un logo prodotto?
Hanno un Brand? Quanto tempo è che sono sul mer-
cato? Quanto tempo staranno ancora sul mercato?
Per la logistica a chi si appoggiano? Usano fornitori
o grossisti per vendere i loro prodotti? Hanno una
logistica interna? A quanto vendono il loro prodotto
ai grossisti?

Abbiamo capito il senso di tutte queste domande?
Bene.

Se hai risposto a tutte le questioni che ti ho posto,
siamo a un buon punto dell'analisi.
Analizzare il proprio concorrente, soprattutto se ha
dei fatturati e una notorietà di tutto rispetto, è un'azione
fondamentale. Spesso sento clienti che parlano male
della concorrenza, oppure sbeffeggiano i prodotti
altrui credendosi i leader di mercato. *Spesso sono*
proprio i competitors di questi soggetti ad avere la
meglio sul piano commerciale!

Perché spendere dei soldi quando basta osservare
per sapere? Il punto è che molte aziende non sono in
grado di cogliere la rilevanza fondamentale di un
corretto check up (controllo) professionale. Eppure,
con pochi e semplici step è possibile riuscire a
convertire gli elementi che si hanno già a
disposizione, in un nucleo più omogeneo e bilanciato
che ti permetterà di crescere costantemente. In che
modo? Sai che puoi richiedere un controllo
imprenditoriale mediante l'apposito link:
form.milketing.com

Non solo sono a disposizione dei miei interlocutori per proporre loro un'analisi aziendale professionale, ma posso anche spostare il dominio di un sito per inserirlo su un server apposito, aiutare gli imprenditori che non si pongono le corrette domande. Ancora garantire i miei servizi attraverso un pacchetto regalo che puoi scegliere di offrire a una realtà imprenditoriale in difficoltà.

Semplice no? Non proprio, ed è per questo che sono qui!

Capitolo 7

OSSERVARE E CAPIRE
PER NUTRIRE IL TEAM

Un'altra cosa importantissima da studiare è:
Il contesto in cui vive la tua azienda;
il contesto in cui vuoi mettere in commercio i prodotti.

Siamo in Italia?
Siamo all'estero?
In che stato estero siamo?
Quali sono le leggi che regolamentano il
commercio?
Sarà un commercio locale?
Nazionale?
Mondiale?
Di che utenza parliamo?
Siamo in grado di produrre così tanto?

È importante capire come bisogna muoversi in base
alle leggi di ogni Stato, ma è anche importante capire che
ci sono delle leggi umane!
Cosa significa?

Significa che a prescindere da ciò che le leggi di uno stato permettono o no di fare a livello commerciale, ci sono luoghi in cui la vendita di determinati prodotti (nonostante la piena legalità commerciale) è praticamente impossibile, o difficile. Prova a vendere un ranghinatore in centro a Milano, capito cosa intendo? (se non sai cos'è un ranghinatore cerca su internet).

Quindi devi analizzare bene il territorio di vendita, per sapere se il terreno è quello giusto per fare attecchire i tuoi semi. Fidati è meglio farlo prima. Molte attività partono con idee fantastiche, poi si trovano a dover rincorrere l'impossibile per salvare i propri bilanci.

La **pianificazione**, come già detto è importante e soprattutto va effettuata prima di partire ad investire il primo euro o dollaro che sia *(ricordi la realisticità dell'obiettivo?)*

In linea di massima questo è il lavoro che a mio parere ogni azienda dovrebbe svolgere prima di attivarsi o per adeguarsi al mondo del lavoro attuale.

Sto dicendo delle banalità?
Allora sei sul pezzo!

Capitolo 8

RETE COMMERCIALE O IMPIEGATI COMMERCIALI

Se non riesci a fare a meno della rete commerciale o degli impiegati commerciali puoi, ad ogni modo, contare ugualmente sul progresso per apportare miglioramenti. Certamente l'informatica è a supporto di molti rappresentanti ma il vero cambiamento di cui bisogna tenere conto è legato alle persone. Voglio spiegarti in che modo migliorare il rapporto con i tuoi commerciali, in modo del tutto offline! Il motivo? Finché un rappresentante, pur con l'ausilio di software, si comporta come nel secolo scorso non si può certo parlare di innovazione. *Insomma, quando è l'azienda a non comprendere come dovrebbe comportarsi un rappresentante al giorno d'oggi: siamo alla frutta!*

8.2 Come funziona una rete commerciale

Basta rivolgersi a un'agenzia, risponderebbe qualcuno!

In parte è vero, nel senso che non è facile costituire e gestire una rete commerciale. Innanzitutto, è composta da esseri umani, quindi bisogna essere degli esperti in umanologia applicata! Poi è necessario essere in grado di portare le risorse a raggiungere il famoso obiettivo! (sei o no il comandante?)

Ogni azienda, è sì diversa da un'altra, ma le tecniche di vendita si somigliano un po' tutte. Mettiamo dei punti fermi a tutto il discorso, così da poter fare un'analisi più approfondita di ciò che sto cercando di farti capire.

Cosa ti serve per organizzare una struttura commerciale?

- *Prodotto efficace;*
- *Metodo di vendita efficace;*
- *Agenti, impiegati efficaci che utilizzino il metodo.*

Tutto qui!

Come al solito cerco di suddividere le idee per punti, così diventa più facile capire di cosa sto parlando.

- *Comprendere la psicologia del cliente* (per questo è importante conoscere il cliente tipo);
- *Procacciarlo* (per questo ci serve sapere che posti frequenta);

- *Proporre prodotti adatti alle tasche del cliente* (per questo ci serve sapere che lavoro fa etc.);
- *Studiare le principali e le basilari obiezioni;*
- *Conoscere davvero il prodotto che stiamo vendendo* (serve qualunque cosa, dalla sua composizione a come viene prodotto, a quanto pesa, etc.)
- *Conoscere le condizioni generali di vendita della nostra azienda;*
- *Conoscere tutte le chiavi di vendita* (è fondamentale per poter vendere qualunque cosa...ogni prodotto ha delle caratteristiche e conoscerle a fondo aiuta a vendere);
- *Pianificare il tempo* (per un commerciale perdere tempo è come perdere soldi).

Il commerciale non lavora né una né tre né otto ore al giorno. Lavora finché ce n'è!

E TU COSA PUOI FARE PER LUI?

Richiedi all'agente la giusta reportistica (non per controllarlo, ma semplicemente perché con i dati e la loro analisi si raggiungono meglio obiettivi fissati).

Fornisci all'agente un campionario (è più facile acquistare qualcosa che si sta vedendo);

Forma i tuoi agenti, sulla concorrenza, sui prodotti, sulla filosofia aziendale;

Fai vivere i tuoi commerciali a proprio agio come parte essenziale di un meccanismo: perché così è. (Pensa ai più grandi manager e cerca di comprendere il motivo per cui sono i migliori).

Non trattare mai un commerciale come un dipendente che occupa una posizione professionale inferiore! Ricordati che se è lì, è perché tu l'hai assunto! Hai bisogno di lui;

Insegna al commerciale ad essere puntuale, preciso, ordinato;

Insegna al commerciale la compilazione meticolosa della reportistica;

Fai appassionare i commerciali al loro lavoro e alla tua azienda;

Incentiva il loro lavoro con dei premi (meglio se in danaro);

Non dire sempre no ai commerciali!

Aggiornati in prima persona, il commercio cambia e anche il modo di vendere: se vendevi trenta anni fa hai poco da insegnare!

Dai formazione ai tuoi commerciali: il mondo è in continua evoluzione!

Chiama consulenti esperti;
Insegna ai commerciali a fare
autoformazione e fai formare a loro, eventuali
nuovi commerciali (così eviti di avere una
forza vendita arretrata);

Poni loro degli obiettivi raggiungibili e non improvvisati
(Ogni commerciale può avere
obiettivi differenti);

Incentiva il raggiungimento degli obiettivi;

Fai una reportistica sul raggiungimento
degli obiettivi: questo punto non deve mai essere perso
di vista, è uno strumento importantissimo. Stai sempre
attento che le cose vadano per il verso giusto);

Fissa riunioni settimanali con l'intera forza
vendita;

Abitua i commerciali a giocare d'anticipo
così oltre ad essere avvantaggiato puoi
prevenire eventuali problematiche;

*Fai compilare loro un **piano di sviluppo** a*
base semestrale.
Servirà a te, e di conseguenza all'azienda, per capire
dove andare. Fai valutare però al commerciale,
quale direzione prendere e quale impegno darsi;

*Non creare rapporti troppo confidenziali
con i commerciali*, altrimenti il tuo ufficio
diventa la banca dei favori!

*Insegna ai commerciali a non creare
rapporti troppo confidenziali con i clienti*
altrimenti rischiano di diventare dei volontari;

Senti i tuoi commerciali spesso ma non troppo, non si
devono sentire osservati, ma nemmeno abbandonati: la
cosa giusta è chiamarli nel momento del bisogno (non è
così difficile da gestire);

*Metti alla prova la fiducia dei tuoi
commerciali* (serve a trovare nuovi
responsabili commerciali);

Supporta le idee dei tuoi commerciali e, se
hanno proposte di tutto rispetto, responsabilizzali
accettando il loro progetto: non bisogna per forza
essere a capo dell'azienda per avere idee di
successo ma si può arrivare a capo di
un'azienda se si hanno idee vincenti;

Previeni le disfatte commerciali (non aspettiamo che il
problema si ponga e diventi un vero dramma, i dati e la
reportistica danno degli evidenti campanelli d'allarme,
muoviti per tempo.

Non sono ancora stanco di dirlo);

Scegli solo persone ambiziose;

Non farti prendere dalla smania di avere mille persone che lavorano per te, cerca di averne anche poche ma come te! O più simili possibile;

Non tenere nascosti i tuoi trucchi se ne hai, devono farcela al massimo! Non devi temere che ti rubino il lavoro! Sono lì a portartelo;

Magari non dare tutto subito, trucchi, chicche, responsabilità, incentivi, meriti. I premi vanno dati in base ai traguardi raggiunti, goccia a goccia! Altrimenti crei dei venditori supereroi che di *super* hanno solo una grande confusione mentale!

Scegli bene i tuoi commerciali sin dall'inizio!

Per quelli che lavorano in maniera stazionaria: ricordate-vi che i commerciali sono in giro tutto il giorno, sotto la pioggia e sotto il sole! Il tuo obbligo è quello di rispettare il personale che lavora per la tua azienda. Chi non ha ri-spetto per i propri commerciali non ha capito molto della sua realtà imprenditoriale.

Spero sia chiaro ora dove voglio portarti. No?

Ancora un piccolo sforzo: un altro momento di auto target. C'è sempre chi abbandona nei momenti migliori.

Come puoi far fronte a tutto questo senza il connubio fra te, i tuoi dipendenti e un team di professionisti in grado di farti le giuste domande, analizzare le risposte e studiarne la coerenza col mercato attuale? Ormai se sei arrivato qui significa che qualche problemino nella tua azienda c'è!

E non credi sia arrivato il momento di risolverlo sul serio?

Ti ho dato qualche spunto tra le righe, e se sei una persona intelligente potresti davvero iniziare il tuo percorso da solo, ma la tua intelligenza ti porterebbe, a questo punto, a **chiedere aiuto.** *Quando arriverai a quel momento fallo senza timore!*

Capitolo 9

9.1 ANDIAMO A PRENDERCI I CLIENTI

Abbiamo analizzato insieme i fattori che devi prendere in considerazione per risollevare le sorti della tua azienda, e tu hai risposto a tutte le domande che ti ho posto.

Ora hai in mano delle informazioni importantissime sulle quali fare dei ragionamenti e pensare in modo concreto a obiettivi e strategie. Puoi andare a prendere i tuoi clienti, sai tutto di loro e sai dove trovarli. Un risultato niente male, vero?

Ecco che il web e le piattaforme informatiche ancora una volta entrano in gioco a semplificarti la vita.

Se fossi il classico venditore di libri a questo punto ti inviterei al mio *webinar* o al mio meeting per fare in-sieme tutto quello che già abbiamo fatto, così da venderti codici-sconto riguardo a piattaforme, software e gestio-nali per la tua azienda.

Ma non è così.

Come ti ho detto voglio solo cambiare le regole del tuo microcosmo imprenditoriale ed iniziare un percorso dove la sincerità è - *e deve essere* - alla base di tutto. Non ti inviterò da nessuna parte, ma ti darò la possibilità di contattarmi nel caso in cui tu abbia bisogno.

Ti ricordi di Beppe, il fruttivendolo? Queste sono le mie pesche, a te la libertà di comprarle da me o da qualsiasi altro profes-sionista.

Cosa mi aspetto da te?

Che cambi mentalità e che fai ripartire un sistema economico al collasso, magari senza pensare solo a te stesso e al fatto che hai soldi a sufficienza per mandare tutti a quel paese. Ho dei figli, come probabilmente anche tu ne hai. Non voglio lasciare loro un mondo concia-to così, fatto solo di venditori di pentole che spacciano il ferro vecchio al posto della ghisa, e che vendono aria fritta a caro prezzo. Ok, che restino tutti a vendere quello che vogliono, ma mi aspetto che le persone si responsa-bilizzino un po' di più a riguardo.

Ti ricordi le famose 5 stelle dei marketplace di cui abbiamo parlato prima?

Ecco, questo manuale, vuole essere il feedback da 1 stella nei confronti di tutti quei *Marketer Santoni* che fanno solo il loro interesse. Quelli per cui ci sono persone che credono che il web non funzioni. Quelli che parlano di SEO, Social media marketing, Inbound marketing, e chi più ne ha più ne metta, solo per far colpo e per far cascare i più vulnerabili nella loro rete.

Ora ti spiego le pochissime nozioni di marketing di cui potresti necessitare, anche solo per comprendere di cosa si parla quando si sentono parole come SEO, Social media marketing, blog, inbound marketing, etc. Tanti pa-roloni in lingua straniera che fanno sentire stranieri an-che molti imprenditori che come te, annuiscono davanti ai consulenti di turno ma magari non hanno il coraggio di chiedere o di farsi spiegare di cosa si tratti davvero.

Vediamo brevemente di cosa si parla. Ti invito, qualora avessi difficoltà a comprendere qualche concetto a contattarmi presso l'indirizzo e-mail che ti ho fornito in precedenza.

Prima di addentrarci tra le varie tecniche moderne, per conquistare clienti utilizzando il web, è giusto fare alcune precisazioni.

Internet.

Qualora tu sia già in possesso di un sito, offre molteplici opportunità. Spesso quest'ultime sono sconosciute alla maggior parte delle persone. Pochi sanno che alcuni degli utenti che visitano il tuo sito in realtà sono alla ricerca di qualcosa di ben preciso, e se non riescono a trovarlo presso la tua azienda, scappano su un altro sito che, magari, offre migliori opportunità o più semplicemente il prodotto al prezzo giusto e acquistano altrove. Anche nella realtà accade di vedere gente che si ferma a guardare un cappotto alla vetrina di un negozio, ma alla fine decide di acquistarlo in un altro negozio (oppure online). La maggior parte delle volte che accade questo imprevisto, lo si deve al fatto che conosci poco il tuo cliente e non hai i giusti contenuti (vetrina, prezzi) utili a inchiodarlo al tuo negozio (sito). Il web, a differenza del classico negozio, ti viene incontro con dei dati. Oggi hai la possibilità di comprendere quante persone visitano il tuo sito, quali pagine visitano maggiormente, quali sono i loro interessi e persino quanti anni hanno, da quale città ti stanno visitando, se sono uomini o donne, e tante altre informazioni.

Queste informazioni di cui puoi disporre, attraverso delle semplici piattaforme, *molte gratuite,* sono importanti se confrontate con i dati di vendita (del reparto web si intende). Se non vendo nulla ma il sito è visitatissimo, è chiaro che il problema sta nei contenuti del sito e non dalla visibilità (la vetrina è in centro, ci passano tutti, ma è inguardabile per il target di riferimento). Sembra una considerazione banale, ma solitamente, e non credo di avere solo io clienti così, mi viene detto: *"Abbiamo provato con l'e-commerce ma alla fine non funziona"*.

Faccio due analisi sul traffico organico (quanti visitano il sito) e scopro che il sito è visitato e che quindi il problema non è internet che non funziona, ma qualcos'altro. Oppure mi trovo a dover gestire il problema contrario. Sito perfetto con contenuti perfetti, ma visitato da nessuno perché programmato dall'impiegato commerciale che ha un suo blog di cucina e smanetta da sempre sul web, scaricando film e musica da qualsiasi piattaforma.

Qual è la giusta regola o se vuoi la giusta via di mezzo, per poter comprendere quanto un sistema è funzionale alla tua attività oppure no?

Testare le cose nel giusto modo.

Ogni cosa ha un metodo per essere fatta nel modo corretto. Pensa alla cucina, alla meccanica, all'agricoltura a qualunque cosa. Potrai mai buttare la pasta prima dell'acqua e mettere il sale sul gas pensando di mangiare un piatto buono e saporito? Oppure mettere un pistone sul sedile di una macchina e pensare di fare un viaggio senza problemi?

La risposta è una sola: no!
Ci vuole il giusto metodo.

9.2 SITO INTERNET

Ormai abbiamo tutti un sito chi più o meno bello, chi più o meno alla moda, ma quello che a noi interessa al fine di andare a recuperare ed acquisire clienti, è la pagina web funzionale.

Cosa significa avere un sito funzionale?

Hai mai usato internet? Ti sei mai trovato a scrivere nel favoloso rettangolone di Google qualcosa di cui avevi bisogno? Bene, ciò significa che hai interrogato i motori di ricerca attraverso una *query*, ossia come una domanda posta ad un database.

Solitamente il tuo comportamento qual è? Ti capita di aver rotto il rubinetto del lavandino del bagno e, stanco del continuo gocciolare notturno, decidi di porre rimedio (ovviamente non attraverso il fai da te) chiedendo ad un amico se conosce un bravo idraulico (possibilmente non evasore del fisco) oppure apri il computer o il tuo smartphone e fai la tua ricerca su Google. Qualora dovessi scrivere idraulico, comprendi bene che potresti metterti in contatto con un artigiano che magari è lontano 1000 Km da casa tua (lo so che esiste la geolocalizzazione, ma non tutti sono al tuo livello), quindi cosa fai? Cerchi di essere specifico!

Idraulico Milano

Per esempio, potrebbe essere una scelta migliore, quantomeno si troverebbe nella tua provincia.

Puoi fare di meglio scrivendo:

Idraulico Milano Porta Romana

Se è lì che abiti può darsi che tu possa avere a che fare con un professionista che è già lì in zona e potrebbe (uso i condizionali perché è da anni che aspetto un idraulico che mi sistemi un calorifero) darti aiuto già in giornata o nei prossimi giorni.

Oggi funziona così, ma cosa accade sul sito del famoso idraulico?

L'idraulico, informatissimo sul mondo del web marketing ha posizionato, o meglio reso visibile il suo sito, in modo da farlo apparire tra i primi risultati del motore di ricerca attraverso delle parole chiave, che non sono altro che le query che utilizzate da voi sul motore di ricerca.

Te la faccio breve ma il concetto è: se una pagina ha come parola chiave *"Idraulico Milano Porta Romana"*, e digito sul motore di ricerca la seguente sequenza di parole mi appare il sito dell'ormai noto idraulico.

Semplice vero? Penserai, una roba del genere la posso fare anch'io!

Non è proprio così!

Mentre scrivo questo libro, facendo la seguente ricerca Google mi dice che ci sono circa 250.000 pagine "posizionate" per quella parola chiave. La prima pagina di Google non è infinita, e ciò significa che per poter essere visibile nella prima pagina (di solito fino a quante pagine guardi prima di prendere una decisione?) non è sufficiente mettere la parola chiave in questione.

Bisogna conoscere <u>bene</u> l'algoritmo che Google utilizza al fine di decidere - come fosse un vigile urbano - chi deve passare per primo e chi deve restare ultimo. Conosci bene l'algoritmo Google? Sì? *Allora sei a cavallo per iniziare un ottimo fai da te!*

Non lo conosci? Allora mettiti l'anima in pace, da solo o con l'aiuto di qualche libro non farai molta strada.

Non voglio demoralizzarti ma sia io che altri miei colleghi che incontro spesso durante i vari corsi d'aggiornamento (tu ne fai?) a volte non ci spieghiamo il perché, pur pensando di seguire le regole, l'algoritmo di Google risponde in modo anomalo: è davvero complesso.

Una cosa è certa: ci sono delle regole da rispettare e già partendo da queste si può raggiungere la visibilità sperata. Perché è di *visibilità* che si parla. È come se passeggiando per il centro - per non si sa quale regola - un negozio fosse davanti ad un altro e tu puoi vedere solo quello che ti trovi sotto gli occhi.

Incredibile, vero? Fortunatamente ci sono modi per poter far fronte a questo problema!

Ma ad oggi non è possibile far fronte a tutto ciò che vogliamo, a meno di non entrare nel favoloso mondo del *PPC* (*Pay Per Click,* ossia paga per ogni click) che lo stesso Google offre sotto il nome di **Google ads**. Una piattaforma che grazie all'acquisto di parole chiave e non solo (le parole si acquistano tramite un'asta) danno la possibilità di apparire più o meno in testa alla prima pagina. Dico più o meno perché in base al valore della parola e in base a quanto si decide di pagarla, si può finire anche tra gli annunci della seconda pagina del motore di ricerca. Hai mai notato che tra i primi risultati c'è una piccola parola scritta prima del sito che stai cercando *(Ann.)? Sta per annuncio! E per stare li, in prima fila, si paga.*

A titolo di informazione, se non lo sai:
Ci sono parole che costano pochi centesimi altre, come per esempio la parola "Avvocato" che può (il

valore delle parole si modifica costantemente) superare abbondantemente 50 € a click!

Sei disposto a pagare 50 € a Google perché un ipotetico cliente, oppure uno che passava di lì per sbaglio, ha cliccato sul tuo annuncio per accedere al tuo sito? Sembrerà assurdo, ma se il tuo sito fosse uno di quelli davvero ben fatti e in grado di **convertire** (trasformare semplici visitatori in clienti) sul serio, alla fine 50€ si possono investire a fronte di un guadagno proporzionalmente più elevato. Mi perdoneranno Marketer e "Guru" se sono così sempliciotto (come diciamo in Lombardia) ma voglio mettercela tutta per far comprendere di cosa si tratta, a chi non sa nulla.

Ovviamente Google ADS non significa solo pagare le parole per essere in prima linea, c'è davvero dietro un mondo e se non ti affidi a mani esperte rischi di perderti e rendere infruttifero il tuo investimento.

Inutile quindi approfondire come impostare una campagna su Google parlando di display, ricerca, video, shopping, eccetera.

9.3 SEO

Ne hai mai sentito parlare? Mai nessun consulente ti ha proposto o detto che il tuo sito ne necessita?

Di cosa si tratta? È un acronimo dall'inglese *Search Engine Optimization*, e non è altro che l'ottimizzazione di cui un sito necessita per essere visibile ai motori di ricerca. Il *SEO Specialist* (a volte chiamato semplicemente SEO) è colui che conosce l'algoritmo del motore di ricerca ed è in grado di rendere visibile maggiormente la tua *"vetrina"* attraverso la manipolazione del codice di cui è composto il sito ed i contenuti presenti (foto, testo, video, etc.). Sono molti altri i fattori importanti per raggiungere quello che si chiama una buona indicizzazione.

Indicizzazione = pagina vista da un motore di ricerca.

Buona indicizzazione = pagina vista dai motori di ricerca e dagli ipotetici tuoi clienti.

Conosci davvero la SEO? Pensi di poter far da te? Anche qui se la risposta è no, prendi in considerazione di farti aiutare da uno specialista, oppure chiudi pure il tuo sito.
Se non hai visibilità è inutile averlo.
Via il dente, via il dolore e la frustrazione!

9.4 SOCIAL MEDIA MARKETING (SMM)

Da qualche anno a questa parte la parola *social network* è entrata nel nostro lessico comune. Non so te, ma secondo le statistiche[5] del 2020, in Italia - su una popolazione di quasi 60 milioni di persone - 35 milioni sono attivi sui social network. L'indice di penetrazione di Internet si attesta intorno all'82% della popolazione, ma naturalmente il dato cambia radicalmente tra le varie fasce d'età.
Un bel numero non trovi?

---

5   **Fonte:** https://cultadv.com/utenti-social-network-2020/#Qual_e_luso_ dei_social_network_in_Italia

È qui che da qualche anno a questa parte le persone di tutto il mondo spendono il loro tempo, si informano, acquistano, si incontrano, etc.

Per molti è un male, per altri si tratta di luoghi dove la privacy viene meno (considerando che siamo noi a decidere cosa fare vedere e a chi, a mio parere la privacy viene meno solo se lo vogliamo), ma sta di fatto che i numeri ci confermano un uso incredibile di questi strumenti. Pensiamo a *Facebook* quando parliamo di social network, ma sono altri i nomi noti a questa categoria di piattaforme*: Youtube, Twitter, Instagram, etc* (Pensate che nel momento in cui scrivo Wikipedia ne elenca 260 circa!)

Ma a te che hai un'azienda da portare avanti, a cosa possono servire i social network?

Hai aperto la pagina Facebook aziendale? La usi? Non funziona? La controlla un esperto, ovvero un Social Media Manager?

Anche qui, come per la SEO si ha a che fare con degli algoritmi e delle regole precise da rispettare (forse il campo è ancora più complesso) quindi il *fai da te* risulta essere ancora il peggiore degli approcci che puoi scegliere di attuare per la tua azienda. Gestire una pagina Facebook aziendale non è come gestire il tuo profilo, sono moltissime le cose alla quale devi prestare attenzione. Come già detto svariate volte, non è questo il manuale dove spiegare procedure e test per verificare la qualità di un annuncio pubblicitario su Facebook o su Google. Ciò che mi preme è farti comprendere che si tratta di strumenti marketing molto efficaci ed altrettanto difficili da utilizzare.

Prova a pensare al tuo profilo Facebook (se ne hai uno, altrimenti chiedi a chi lo ha).

Durante la fase di iscrizione a questa incredibile piattaforma ti è stato chiesto di tutto: nome, cognome, città, dove vorresti vivere, quali hobby hai, che musica ascolti, quanti anni hai, dove lavori, dove hai studiato, quali mode segui, se sei amante degli '80 o dei '70, chi sono i tuoi amici, i tuoi parenti, che auto hai, etc. (ti ricorda qualcosa questa serie di informazioni?)

Tutta una serie di dati (segmenti) che fanno sì che tu possa ricevere sulla tua pagina le sponsorizzazioni e i post a cui davvero sei interessato. Se sei amante del calcio e segui pagine calcistiche, le informazioni a riguardo saranno molteplici, stessa cosa se segui un certo artista oppure un qualsiasi interesse che può accomunarti a qualcun altro, presente nel vasto mondo di questo social network.

Hai capito perché è importante la tua presenza su Facebook?

Perché qui trovi chi davvero potrebbe essere interessato a ciò che vendi. Ovviamente il servizio è a pagamento ed anche qui, se si impostano male i parametri delle cosiddette campagne, si buttano via solo un sacco di soldi.

Purtroppo, capita spesso, se non si sa cosa si sta facendo. La pagina aziendale di Facebook, per alcuni professionisti può averla qualunque azienda, io personalmente la penso in un modo differente. Se hai un'azienda che produce cemento, credo che difficilmente troverai clienti interessati al tuo articolo, a meno che tu non desideri venderlo a sacchi, al posto di venderlo a betoniere. Ogni azienda ha il proprio *business* e non è detto che necessiti degli stessi strumenti, ricordalo sempre. Uno dei primi modi per testare la serietà di un'agenzia marketing è proprio quella di comprendere quali sono i servizi che propone. A proposito, non esiste un modo per capire di cosa hai bisogno se prima non viene fatta un'analisi approfondita.

Quindi diffida sempre da chi ti offre pacchetti marketing al primo colpo!

Senza analisi non esiste preventivo, questa è serietà! Il marketer non vende prodotti o soluzioni preimpostate. È come chiedere ad un sarto di fare delle camicie su misura già pronte da vendere in negozio.

9.5 Blog

In tanti fanno confusione tra sito internet e blog. Sotto alcuni aspetti possono essere una cosa complementare all'altra, due cose ben distinte, si possono avere entrambi oppure uno o l'altro. Ma una cosa è certa: *stiamo parlando di pagine web.*

Il web, questo ormai conosciutissimo vocabolo è entrato a far parte del nostro linguaggio più o meno da metà anni 90 (la nascita del www è il 6 Agosto del 1991). Non starò a spiegarti cos'è una pagina web, ma cercherò di esprimerne l'utilità ai giorni d'oggi cercando di analizzarne le principali funzioni.

Un sito web è un insieme di codici che permettono semplicemente di far visualizzare:

- A noi esseri umani: grafica, immagini, video, testo, audio.
- *Ai motori di ricerca: la stessa identica cosa.*

E alla stessa maniera, come per noi ci sono delle regole per cui ci soffermiamo e valutiamo una pagina web, il motore di ricerca fa altrettanto. Come per le leggi che comandano uno Stato, anche per il web non si è potuto lasciare in totale anarchia il contesto. Il famoso algoritmo di Google (ma tutti i motori di ricerca ne hanno uno) permette, impartendo delle regole, di far meritare visibilità a chi maggiormente le segue. Non so se vi è chiaro il concetto, ma proverò ad esprimerlo in davvero pochissime parole.

Per essere visibili ai primi posti di un motore di ricerca, bisogna seguire delle regole.

I fantascenziati hacker che credono di saperne una più del diavolo, hanno avuto filo da torcere negli ultimi anni con l'aggiornarsi dei vari algoritmi. Possiamo dire con tranquillità che oggi per essere in prima pagina su Google o paghi (e spesso è una soluzione che porta a risultati immediati e ottimali, almeno per la mia esperienza) oppure te lo meriti.

Se credi che pagare sia errato ti sbagli. C'è una logica dietro *l'advertising* (la pubblicità) su Google e se hai una azienda che si affaccia oggi nel mercato del web, l'avere la possibilità, anche se a pagamento di essere il primo, non ha prezzo. Indicizzare una pagina e posizionarla tra le famose top ten non è un gioco da ragazzi e sono molti i fattori che potrebbero, come già abbiamo visto in precedenza, non farti raggiungere mai l'obiettivo preposto. La competizione fra chi utilizza le parole è arrivata ad un livello tale per cui, o si lavora su delle parole chiave di nicchia:

orologi x (il tuo brand)
oppure su delle parole dette
long tail.

Le ricerche sui motori di ricerca si fanno sempre più articolate, e gli algoritmi ora prendono in considerazione, per dare il giusto risultato agli utenti anche le parole molto articolate:

Falegname per parquet Milano porta Garibaldi (esempio di long tail).

Ma ritorniamo al blog.

Una breve descrizione di cosa sta accadendo nel web era doverosa. Il Blog è un diario in cui convogliare testi, immagini, video, audio e qualsivoglia metodo di comunicazione al fine di poter condividere, alle persone interessate, i propri contenuti. Pensa alla tua passione (fotografia, musica, lettura). Da oggi decidi di scrivere per informare, educare, dare le tue opinioni a riguardo. Per te è una passione parlarne, per chi si avvicina al mondo della tua passione è un'opportunità inedita per apprendere di più da chi ha più conoscenza.

Bello vero?

In un certo senso è fantastico poter dare ai curiosi il patentino di tuttologi ed è fantastico soprattutto prenderlo! Ma sapete cosa penso circa al fai da te! Un conto è imparare di più sul mondo della fotografia, della musica e del web marketing, un altro è sostituirlo al lavoro che mi dà da vivere oppure portarli avanti entrambi, quindi male. Se sei bravo come marketer, tanto di cappello, anche se hai imparato tutto dai blog, dai libri e dai corsi. Fa questo di mestiere allora, perché sarai costretto ad aggiornarti quotidianamente e non avrai il tempo da dedicare ad altro: sempre che tu voglia farlo bene.

Ben vengano i Blog quindi, dove si informano i nostri clienti, dove si discute di un materiale piuttosto che di un altro, dove si parla di offerte limitate nel tempo, dove si tratta di vittorie aziendali, dove si raccontano storie di tutti i giorni, dove si dà risalto a tutti i lati nascosti della tua realtà imprenditoriale, ma che vale la pena mettere in chiaro con le persone.

I blog sono come dei piccoli social network, sono fatti per comunicare con i tuoi clienti o con i potenziali clienti. Sono un ottimo modo per far conoscere la propria azienda al target di riferimento ed avere da quest'ultimo il giusto feedback per andare avanti. Ascoltare i commenti, la stessa cosa vale sui social network (soprattutto in quelli della concorrenza) è la miglior strategia gratis che un'azienda dovrebbe obbligarsi a fare per migliorare.

Comprendi l'importanza di questo concetto?

Bene! Altrimenti scrivimi, sono qui apposta per aiutarti.

9.6 CONTENUTI

Ma cosa inserisco all'interno del mio blog o del mio sito?
Come direbbe Sharlock Holmes: Elementare Watson!
Dei contenuti.
Forse avete sentito parlare di questo strano termine!
Si tratta di scrivere, mettere immagini, video, audio...

Leggeresti mai un blog o un giornale che non ti interessa, oppure uno di quelli che parla di un tuo interesse ma lo fa talmente male e superficialmente che ti scappa la voglia di leggerlo e alla fine non lo visiti o non lo compri più? Ecco, questo è il motivo per cui i contenuti devono essere di livello eccellente, altrimenti come faresti tu stesso nei panni di un acquirente, nessuno li leggerebbe (nemmeno i motori di ricerca).

L'inbound Marketing poggia la sua esistenza proprio su questo principio:

- **Attirare:** Gli utenti (target) - mediante il sito/blog oppure attraverso i motori di ricerca e/o i social network - vengono tenuti incollati alle pagine web;
- **Convertire:** permette di far sì che gli utenti da visitatori diventino *leads*, allo scopo di spingere il potenziale cliente a compiere alcune *call to action* (chiamate all'azione). Qualche esempio? Iscriversi alla newsletter, compilare un form con i dati personali (ad es: indirizzo mail);
- **Chiudere:** Ossia vendere o portare il *leads* all'obiettivo, trasformando l'utente in un prospect *(un contatto più evoluto, che ha dimostrato interesse per un nostro articolo o servizio in modo palese);*
- **Deliziare:** Ricorda che stai offrendo contenuti di qualità e che questo principio, in una strategia di questo tipo, non deve mai venire meno. Il cliente, una volta che ha acquistato da noi, non si deve dimenticare della nostra azienda. Dobbiamo seguirlo, deliziarlo con delle offerte mirate, e far si che parli di noi ad altri utenti.

Tutto chiaro?

Facciamo un piccolo passo indietro:
Come rendo visibile il mio sito/blog aziendale?
Indicizzandolo a colpi di SEO. Ricorda inoltre che i Blog solitamente godono di un'indicizzazione più veloce;

Indirizzandone il traffico attraverso delle campagne pubblicitarie provenienti dai social networks oppure dai motori di ricerca.

Come faccio a far si che i miei potenziali clienti leggano tutto ciò che scrivo?

Scrivendo in modo da tenere il tuo target inchiodato allo schermo e offrendo contenuti di *"concetto"*, ovvero di qualità.
Ecco perché i blog pieni di tutorial funzionano. La gente ha fame di curiosità ed ama trovare soluzioni immediate al problema.

Tutti noi ci accorgiamo, grazie ai blog e ai video su Youtube, di quanto possiamo essere in grado di risolvere un problema di idraulica, elettronico, di carpenteria e di marketing. Ma non esiste un blog che ad oggi ci spieghi come modificare una giornata da 24h ad una da 36h. Per questo esistono i blog che spiegano le basi del web marketing. Se trovi la strada giusta da percorrere e hai le possibilità (anche economiche) per realizzare i tuoi obiettivi, ti manca solo una cosa!

9.7 IL TEMPO.

Quindi? Ad un certo punto ti rivolgerai alla persona che maggiormente ha suscitato influenza in te e gli chiederai un preventivo.

Hai compreso?

Per chiudere la polemica una volta per tutte.

Non perdere tempo! Fatti inviare direttamente dei preventivi, senti agenzie e marketer diversi, spendi due giorni a parlare con loro. Ma non perdere tempo a comprendere come fare da te, è garantito che per mancanza di minuti, ore e mesi mancherai l'obiettivo. Se hai un'azienda con dei dipendenti ci sarà un motivo. Perché non lavori da solo? Potresti risparmiare molti soldi ma ciò non sarebbe funzionale al lavoro che hai scelto di tirare su con le tue sole forze. Hai bisogno di professionisti, e i professionisti operano per te allo stesso modo dei tuoi fidati dipendenti!

Capitolo 10

È TUTTO QUI?

Okay, ora che hai una piccola infarinatura, ora che hai compreso come ricercare il tuo cliente ideale, ora che sai a cosa serve un sito o un blog, ora che hai capito che può essere importante la presenza sui social, ora che hai studiato il modo in cui poterti imporre un obiettivo da raggiungere, ora che hai analizzato quali sono i principali modi per acquisire nuovi clienti, ora che sai programmare il tuo tempo con lo scopo di raggiungere il tuo obiettivo a lungo termine, ebbene, c'è forse altro da dire?

Si, una breve considerazione vorrei ancora scriverla.

Molti dei miei clienti erano soliti spendere il proprio budget nella ricerca di nuovi clienti, impiegando tutti i sistemi a loro disposizione: dalla rete commerciale al web. E prima del mio arrivo non si erano mai resi conto di quanto fosse importante consolidare e fidelizzare il vecchio cliente.

Il tuo vecchio cliente.

Ossia quello da deliziare: egli è la chiave di tutto. Come per aumentare il margine di guadagno di un fatturato si può iniziare a operare eliminando le spese, così per aumentare il fatturato è doveroso partire dal portafoglio clienti. Ovviamente sto parlando di aziende che sono sul mercato da almeno dieci anni. Chi è nato ieri <u>deve</u> cercare di capire quali e dove sono i portafogli clienti dei *competitors* ed andare a rosicchiare la torta. *Che senso ha far tanta fatica a conquistare un cliente per poi lasciarlo lì?*

Il saper deliziare i tuoi interlocutori commerciali è una fase davvero fondamentale dell'inbound marketing. La prima cosa che ti consiglio di fare. Prendi i tuoi vecchi clienti, quelli che hanno già acquistato da te e conoscono la tua azienda.

Contattali!
Se sono ancora aperti e non acquistano più da te, significa solo due cose:

* Hanno cambiato settore;
* Comprano da un altro;

Offri loro qualcosa che possa farli ritornare sui loro passi, ricorda loro che esisti. Ti sembrerà strano, ma il motivo è lo stesso per cui Coca Cola spende milioni di dollari in marketing! I clienti si dimenticano di te se non continuano ad averti sotto gli occhi. Sono bombardati da informazioni, pubblicità, proposte, sconti, etc...proprio come te!

È una verità. Ad oggi non mi è mai capitato di fare un buco nell'acqua adoperando questo sistema nelle aziende.

Il tuo vecchio cliente è:
Chi può parlare bene di te;
Chi può darti 5 stelle;
Chi può dirti dove sbagli (importante)
Chi può dirti dove sei il migliore
Chi può darti la base di fatturato sulla quale andare a mettere obiettivi di crescita;

CHI SI FIDA DI TE!

Potremmo andare avanti all'infinito, ma credo che ormai tu abbia capito. Se stai dicendo a te stesso: *"Okay, tutto molto bello ma da dove inizio?"*

La risposta è qualche riga sopra, *fatti aiutare*.

Se la tua azienda si merita di fare un salto di qualità, lascia che qualcuno ti supporti. Non c'è altra soluzione.

Non aver paura di investire dei soldi in questo! Non aver paura di investire soldi nel futuro. Forse non l'hai ancora capito o forse te lo aspetti e lo sai da tempo.

IL MONDO È CAMBIATO!
Devi adeguarti!

Se una volta il telefono squillava all'impazzata nella tua azienda, ed ora è muto, chiediti il motivo! *Non dare colpa alla crisi! Non rassegnarti! Chiama i tuoi vecchi clienti, scoprirai che non tutti hanno chiuso!* Scopri perché non acquistano più da te, offri qualcosa che ridia a te un'opportunità per riacquisirli. Rimettiti in gioco, rinnova *in primis* te stesso e poi dai una bella spolverata alla tua azienda e ai tuoi dipendenti. Smettila di parlare del passato e vivi il futuro appieno, con la coerenza del presente!

Sii curioso, la curiosità ti porterà ad essere sempre sul pezzo, non smettere mai di capire come innovarti. *Ti ricordi Alberto Marghelli?* La citazione che apre questo manuale? Se sei davvero curioso lo avrai cercato su internet senza avere risultati. Se ti sei chiesto chi sia ora è arrivato il momento di spiegartelo. *Non è nessuno, appartiene solo alla tua voglia di essere curioso e trovare una soluzione!*

Il vecchio modo di vivere, commerciare, produrre, comunicare non esisterà mai più

Se credi che ciò che ho scritto non sia così, mi dispiace per te e per la mentalità scarsamente imprenditoriale che ti porti dietro: credo che la cosa più saggia che potresti fare sia metterti da parte e lasciare spazio al progresso.

Buona fortuna, imprenditore!

Capitoli Bonus

Ho lasciato questo testo per oltre 5 anni nel cassetto. Durante la pandemia ho capito che nonostante tutto, c'è ancora chi non ha capito Per questo ho deciso di pubblicarlo.

Andrea Dainotti

Smart Working

Smart working, telelavoro, crisi pandemica, difficoltà imprenditoriali e la netta sensazione di dover finalmente tener conto della presenza tecnologica nella nostra vita (professionale e non solo). A cosa faccio riferimento? È giunto il momento di analizzare nello specifico lo stato di cose in cui versa il nostro Paese. Ho riletto il testo - che al momento stringi tra le mani - a distanza di anni. Ho compreso che la grave situazione economica che abbiamo attraversato non è soltanto la Spada di Damocle che – da un momento all'altro – rischia di cadere sul capo di migliaia e migliaia di imprenditori i quali, in maniera del tutto inconsapevole, hanno ignorato nel corso del tempo gli strumenti del *digital*. Il motivo per cui ho scelto di dare alle stampe il testo in questione, effettivamente, sta nel supporto che esso – in maniera semplice e diretta – è in grado di offrire a chi ha bisogno di un faro in piena burrasca. Sarò sincero con te: non sono qui per prometterti miglioramenti sostanziali raggiunti con un semplice schiocco di dita; la mia opinione sul Wanna Marketing rimane la stessa, anche a distanza di tempo. Eppure, questo libro vuole essere uno stimolo a riflettere: Com'è possibile che la parola *smart working* sia entrata nelle nostre vite solo a partire da una manciata di settimane? Sono rimasto davvero colpito dal fatto che – navigando sull'apposita pagina *Google Trend* – io abbia scoperto l'impennata che il telelavoro (declinato in tutte le sue sottocategorie) sia stato capace di ottenere negli ultimi giorni. Le aziende sono ancora più indietro di quanto pensavo: non c'è via di uscita, non c'è possibilità di accrescere una realtà imprenditoriale incapace di massimizzare i processi produttivi, comunicativi, interpersonali ecc. Quanti strumenti abbiamo a disposizione? Come impiegarli? Perché farlo in un momento tanto delicato? Voglio chiederti in tutta onestà quale pensi sia il problema alla base di un atteggiamento tanto tradizionalista e conservatorista:

- Manca l'innovazione? Non ci sono i supporti tecnologici con cui operare una lenta trasformazione aziendale?
- La modernità viene osteggiata dalla poca informazione? Ci sono canali professionali mediante cui scoprire cosa si cela al di là del *digital* e delle sue possibilità di crescita e di guadagno?
- E cosa dire dell'ignoranza? Non intendo usare questa parola nel senso "volgare" del termine, ma nell'accezione primaria della sua connotazione latina: *non conoscere, non sapere.*
- Oppure si tratta di una disposizione personale e soggettiva? Menefreghismo e pigrizia forse fanno da padroni?

Il punto è che – sebbene le motivazioni siano del tutto trascurabili – le aziende continuano a pensare di poter ripartire allo stesso modo in cui sono faticosamente uscite dalla crisi. Crisi: un termine che è passato impropriamente di bocca in bocca. A lungo si è usato il vessillo della ristrettezza economica come presupposto di una decrescita che – senza minimizzare – è stata piuttosto indotta dall'incapacità imprenditoriale di saper comprendere che il mondo fosse cambiato: o sei dentro, o sei fuori. Non ci sono vie di mezzo: se sei arrivato alla fine di questo libro, avrai certamente capito il modo in cui sono solito trattare le problematiche aziendali. C'è chi lamenta ancora la presenza dei centri commerciali (la bottega sotto casa, dopotutto, ha smesso di esercitare la sua influenza locale, diventando un semplice accessorio, un quid trascurabile e difficile da mantenere in vita). Ti sei mai chiesto il motivo? Intendo arrivarci tra un istante! Successivamente, è stato il turno di Amazon e delle sue prodezze: recensioni, consegna in appena 48 ore, miliardi di prodotti e un'accessibilità 24/24 e ovviamente 7/7. Come fare? Come restare in vita all'interno di una giungla commerciale ed economica che ha finito per osteggiare e indebolire i meno adattabili al cambiamento? Charles Darwin ci aveva visto bene: la "specie" in grado di trasformarsi più velocemente, riuscirà a sopravvivere nel nuovo ambiente. *La mia domanda è: quale "specie di imprenditore" desideri diventare?* Colui che continuare ad abbaiare contro il concetto di smart working, o colui che, di contro, inizia a riflettere sui vantaggi inediti di un approccio professionale online, economico e semplice da attuare? Non riesci ancora a coglierne i vantaggi? Ci ho pensato io per te:

- Traffico, carburante, costo di parcheggi e stress (ma dobbiamo ancora arrivare in ufficio);

- Perdita di tempo, demotivazione, problematiche interpersonali;
- Affitti di strutture adibite alla raccolta del personale, il quale sarà naturalmente portato ad operare nello stesso modo in cui si è soliti lavorare da casa. Una scrivania è una scrivania, dopotutto;
- E cosa dire del costo delle utenze, del tutto sovradimensionato?
- Varie ed eventuali: dopotutto non è mio compito convincerti di una verità che è già davanti agli occhi di tutti (e magari dei tuoi competitors, solo per citare qualcuno).

Ora, la verità è che la bottega locale – quella che era un punto di riferimento nel quartiere una manciata di decadi fa – ha dovuto ridimensionare le se pretese non perché i suoi prezzi fossero superiori e/o pari a quelli di un centro commerciale. Il punto è che la vetrina – allestita negli anni '80 e conservata intonsa fino ai nostri giorni – non riesce a catalizzare l'attenzione delle persone che, ogni giorno, ci passano davanti. Come il manto di un camaleonte, il negozio in oggetto non ha più identità: non è sui social, non propone offerte e/o sconti per invogliare i potenziali consumatori ad entrare, non è in grado di offrire una *costumer experience di* qualità e – nella maggioranza dei casi – è diventato un accessorio trascurabile che fa parte del paesaggio cittadino, come un lampione o una fontanella. Chi si rende conto dell'esistenza di una realtà imprenditoriale che propone il solito slogan: *"Dal 1929 siamo al tuo fianco!"* Ripeto: i tempi sono cambiati. Basta usare sistemi pubblicitari ormai desueti, smettila di registrare il tuo stand in una fiera a tema che – nel migliore dei casi – ti farà tornare in ufficio con un plico di biglietti da visita in tasca, che lascerai prontamente nel cassetto.

Ora, il punto è: l'apporto pubblicitario e quello strettamente operativo devono lavorare di pari passo. L'aspetto inerente al marketing non può fare a meno di un lavoro efficiente, così come l'ufficio 2.0 deve potersi declinare mediante strumenti digitali di prima scelta.

Torniamo per un secondo all'analisi che ho condotto in merito al termine *smart working.* Per quale motivo tu, imprenditore, rifiuti di apportare una ventata d'aria fresca in azienda? Non ti fidi dei dipendenti che hai a disposizione? Cambiali! Non hai gli strumenti per reagire al progresso? Centinaia di marketer professionisti, proprio come me, sono qui per accompagnarti passo dopo passo in un processo di modernizzazione pensato *ad hoc* per te e per la tua realtà professionale. *Tu, venditore, pensi di essere nella stessa condizione della bottega che dal 1929 propone gli stessi prodotti, nella stessa veste? Se sì, cosa dovresti fare?*

- **Usa i canali a tua disposizione** (il *content marketing*) può fare miracoli e ti ho già spiegato il perché.
- **Smettila di pensare che il cliente sia un elemento passivo del ciclo di crescita aziendale:** usa i social per scaldare i *lead*, studia il target e comprendi cosa stanno facendo i competitors. Un altro consiglio? Se ti occupi di una nicchia x, cerca su internet la parola che ti interessa e interpreta i risultati suggeriti dal più importante motore di ricerca al mondo, Google. Hai capito di cosa sto parlando? I *Suggest (che appaiono*

nell'apposita tendina) ti permettono di capire quali sono i termini che i consumatori sono spinti a digitare nella maggioranza dei casi (nonché gli andamenti di mercato): avrai a tua disposizione uno studio delle parole chiave su cui produrre contenuti di qualità per i tuoi social network, o per il tuo blog non aggiornato da tempo.

- **Offri visibilità ai tuoi prodotti di punta** (e se non ne hai investi sulla crescita aziendale). *Non c'è successo senza meritocrazia: benvenuto nell'era dei feedback!*

Sfruttare la crisi per imparare qualcosa: quando lo sviluppo è una questione di mindset!

Non sono qui per farti una ramanzina al solo scopo di mettere in luce le tue mancanze: sono perfettamente consapevole della paura condivisa che moltissimi imprenditori – schiacciati sotto il peso di concetti quali produttività e performance – sono costretti a sostenere, giorno dopo giorno. Non è stimolandoti a credere nelle opportunità, a reagire e a non farti fregare dal tempo che scorre, che riuscirò a instillarti la voglia di cambiare, di trasformare la situazione che stiamo vivendo in una nuova possibilità di crescita e di sviluppo. *"In che modo"*, mi chiederai, *"è possibile vedere la luce in fondo al tunnel?"* Sono qui per spiegartelo! In ogni caso, voglio che tu abbia la costanza e la predisposizione mentale attraverso cui comprendere che – senza uno stravolgimento del suo settaggio psicologico, quello che gli inglesi chiamano mindset – non avrai possibilità di raggiungere risultati concreti. La situazione critica che stiamo vivendo, dopotutto, qualcosa deve pur averci insegnato! Non possiamo contare su uno stato economico, professionale (ma anche formativo e interpersonale) che sia immutabile, infinito, standardizzato. La realtà ci pone davanti sfide e rischi che mai avremmo potuto immaginare di correre. Ma siamo qui – nonostante tutto – con la consapevolezza che gli strumenti che abbiamo a disposizione - spesso senza neppure saperlo - possono fare la differenza e possono aiutarci a risorgere. Voglio che tu sia uno sguardo ai risultati delle vendite online che sono apparse in internet negli ultimi giorni di criticità pandemica. E non è cosa di ieri!

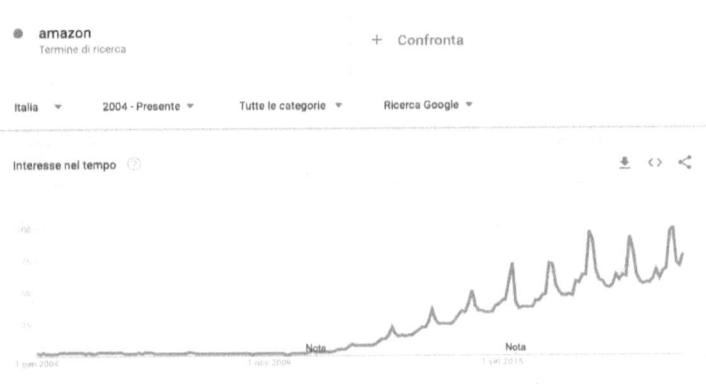

Lo smart working di cui ti ho parlato in precedenza, la potenza e l'efficacia del digitale, la capacità di monetizzare nella maniera corretta sarebbero stati strumenti in grado di preservare moltissime realtà imprenditoriali dal tracollo finanziario che sta tanto spaventando la nostra economia. Telelavoro e vendita online sono due facce della stessa medaglia: se "la normalità" è stata stravolta, saranno i più audaci a sapersi trasformare e adattare all'ambiente che ci circonda (Darwin, in ogni caso, calza davvero a pennello in questo preciso paragone). Ora, dobbiamo smetterla di nasconderci dietro a un dito: "sì, ma il commercio americano" oppure "in ogni caso, questo dipende dal fatto che in Europa le cose stiano così e colà". Caro imprenditore, al mondo c'è spazio per tutti (e certamente anche per te, che hai dedicato tante energie impiegando strumenti che, in fin dei conti, ti impediscono di portare a termine i tuoi obiettivi). Provaci, sperimenta e cambia: la realtà può essere ricostruita solo se, alla sua base, un gruppo di individui intelligenti e motivati saranno pronti a mettere in gioco tutti se stessi per tagliare i traguardi da tempo sperati. Insomma, vuoi che si faccia spazio per te o per quel competitors che ha già compreso in che modo sfruttare a suo vantaggio il potere del telelavoro e del mercato digitale? Sta a te scegliere: se pensi che il percorso sia troppo arduo, smetti pure di chiedere aiuto. Ma non lamentarti e non sollevare voci di protesta: persone come me – oltre a tantissimi colleghi competenti e capaci di aiutarti – sono qui per tenderti la mano. Il mindset deve cambiare: o quello, oppure la tua professione!

Il piano marketing

Mi dirai: *"Okay Andrea, ho scelto di seguire la strada del cambiamento. Cosa fare? Come muovere i primi passi in un mondo in cui, tantissimi competitors, sono già corridori provetti?"* Punto numero uno: in ogni realtà imprenditoriale che si rispetti, l'elemento che determina il successo o il fallimento di una presenza sul mercato è proprio l'insieme dei consumatori, il pubblico interessato all'acquisto di dati prodotti e/o servizi. Allinearti a quella che è la richiesta dei clienti, infatti, è il primo passo con cui migliorare i processi di vendita che sono rimasti schiacciati sotto il peso della scarsa innovazione aziendale. In secondo luogo, è obbligatorio avere a disposizione un **piano di marketing.** Hai acquisito le competenze, sei consapevole della necessità di cambiare e rivoluzionare il modo in cui hai pensato di accrescere l'autorevolezza e il fatturato aziendale, ma come vedi non è abbastanza. In questo capitolo bonus, ho scelto di trattare un argomento che mi sta particolarmente a cuore: devi metterti in gioco. Non è più possibile procrastinare e pensare che – in un modo o nell'altro – la tua pagina Facebook possa migliorare nel corso del tempo, in maniera positiva e scarsamente creativa.

La scheda che ho preparato per te non ha lo scopo di sostituirsi a interventi certamente più mirati e personalizzati – da parte di professionisti competenti – ma vuole iniziare a farti en-trare nel meccanismo pragmatico che sta alla base della crescita imprenditoriale nel mondo 2.0. Attenzione però: prima di pensare al *"fai da te"*, interrogati sui motivi che ti spingono a giocare a Poker con il futuro della tua realtà imprenditoriale: *come al solito, la scelta sta a te, ma occhio a non sottovalutare le mie parole!* O vinci, o perdi tutto, definitivamente!

Il *marketing mix* è il punto di partenza da cui guidare l'azienda nella definizione di una propria redditività a favore delle esigenze del cliente (che non devono **mai** venir sottovalutate). Ricorda le <u>4P</u> ideali per una pianificazione che tenga conto di tutti i fattori in ballo:

- **Prodotto (product)**: un elemento in grado di soddisfare il cliente in virtù delle sue specifiche tecniche, le quali dovrebbero puntare ad essere uniche, originali e migliori rispetto a quelle dei competitors. L'elemento cardine del marketing plan consente di avere tra le mani un top di gamma pronto a essere immesso in commercio con la giusta consapevolezza. Tu hai qualcosa che può finalmente dare risposta all'annoso problema che il consumatore cerca di risolvere online, tra le pagine potenzialmente infinite dei motori di ricerca. Capisci bene che il prodotto è la colonna portante di ogni tua azione promozionale, non dimenticarlo mai: cerca di dare vita a una proposta unica, che tu stesso non potresti mai rifiutare!

- **Prezzo (price)**: un elemento aggiuntivo in grado di trasmettere il giusto grado di soddisfazione al cliente. Ricorda: esso è l'unico che permette di apportare ricavi, dal momento che le altre 3P sono di contro motivo di costi e/o investimenti. Nel corso della definizione di un piano d'azione, sarà necessario valutare in che modo individuare gruppi di prodotti per speciali segmenti di mercato, scegliendo al contempo date politiche di penetrazione (a un costo concorrenziale) piuttosto che di scrematura, con l'imposizione di un prezzo superiore. Di conseguenza, come comportarti? La regola aurea è sicuramente quella di puntare al giusto equilibrio, sebbene sia importante personalizzare il discorso in base alla specifica caratterizzazione della tua azienda!

- **Promozione (promotion)**: l'insieme degli strumenti con cui possiamo trasmettere un messaggio (mediante molteplici canali) al nostro target; in altre parole, sto parlando di un elemento fondamentale per raggiungere il tuo potenziale interlocutore commerciale, esattamente nel momento in cui quest'ultimo sia alla ricerca dei tuoi prodotti e/o servizi. Ebbene, ti ho già fatto l'esempio dell'azienda che – essendo incapace di lanciare in commercio il suo articolo di punta - finisce per determinare una spirale di inefficacia promozionale ben lontana dai concetti di autorevolezza, comunicazione e pubblicità che desidera perseguire. Vedremo in seguito come procedere sulla retta via!

- **Punto vendita (conosciuto anche come Posto)**: pensaci bene! Il prodotto e/o servizio deve essere reso facilmente rintracciabile e acquistabile dal tuo target di riferimento. La distribuzione – perché di questo sto parlando – può essere uno degli ostacoli più complessi da superare sotto il profilo economico. Conviene vendere direttamente o mediante intermediari? Oppure è possibile usare ambo i sistemi di commercializzazione? Telemarketing e web possono ridurre i costi inerenti al punto vendita? In che modo? Prova a rispondere a queste domande (e alle questio-ni che ho sollevato in precedenza)

Ora, per arrivare a comprendere la corretta gestione di una pianificazione di marketing, è necessario sfruttare a tuo vantaggio i dati che hai a disposizione per valutare la giusta collocazione della tua realtà imprenditoriale. La questione è importante per avere la possibilità di scegliere quale strada intraprendere in futuro e – in questo caso particolare – per ripartire da zero alla volta di una crescita della tua azienda. In che modo? Pensaci bene: in primo luogo, avrai bisogno di un'analisi che sia in grado di risalire ai fattori che hanno caratterizzato l'impresa dalla sua fondazione fino ai nostri giorni. Uno strumento particolarmente utile che può subentrare per darci una mano, è la **SWOT analysis.** No, non c'è bisogno di farsi prendere dal panico: sto facendo riferimento a un piano di interpretazione dati interno ed esterno alla tua azienda, in grado di determinare un marketing plan efficace anche con il trascorrere del tempo (previo le dovute revisioni). Ora, ho scelto di condurti step-by-step in direzione di una consapevolezza a 360 gradi sui temi che dovrai toccare nel corso di questo capitolo-esercizio. Le domande a cui dovrai rispondere a seguito di un'attenta *SWOT*, sono le

seguenti:
- In quale mercato devo agire?
- Qual è la mission[1] dell'impresa?
- Quali sono gli elementi che portano al successo in dati mercati di riferimento?
- Quali sono i rischi maggiori che potrebbero incidere negativamente sul mio piano marketing? Ho già avuto esperienza fallimentari in passato?
- Che vantaggio posso trarre per superare la concorrenza?
- Quali sono le opportunità che posso cogliere Quali competenze devo avere?

Ti rendi conto delle potenzialità insite nella *SWOT analysis?* Lo so, non comprendi ancora di cosa io stia parlando. Eppure, è bene che tu abbia modo di iniziare a familiarizzare con i traguardi che riuscirai a tagliare a seguito di un *marketing plan* adeguato. Tornando a noi: forse che sia possibile trovare un fattore aziendale più importante – soprattutto in questo periodo – della descri-zione completa della tua impresa e delle sue prospetti-ve future nel mercato di riferimento che la caratterizza? No? Bene, inizia a comprendere in che modo sfruttare il giusto mindset per avere una visione dall'alto – il più oggettiva possibile – degli elementi che possono aiutarti a tornare a galla. Pronto a rimboccarti le maniche? *An-diamo per ordine!*

---

1 Elemento che caratterizza gli obiettivi che l'azienda si pone a lungo termine. Rispondi alla domanda: "Perché l'attività di cui sono imprenditore esiste?" Ebbene, avrai appena trovato la mission del tuo marchio.

SWOT analisi: quali sono le dinamiche esterne?

L'analisi SWOT esterna permette di avere a tua disposizione gli andamenti di mercato, interpretando i dati che fanno riferimento al comportamento del target, all'evoluzione distributiva del prodotto, al mondo in cui opera la tua imprenditoria in un certo contesto specifico, senza dimenticare le dimensioni del settore in cui agisci (fondamentale per fare previsioni *raggiungibili*, su questo argomento tornerò nel prossimo capitolo bonus). A cosa devi prestare attenzione nel corso della SWOT esterna? Semplice: due sono i fattori di spicco:

- **Opportunità;**
- **Minacce** per te e per il raggiungimento dei tuoi obiettivi.

Pronto per metterti all'opera? Sfrutta il quaderno in fondo per iniziare a reperire il materiale di cui hai bisogno per un *marketing plan* vincente!

SWOT analisi: quali sono le dinamiche interne?

Come dice il nome stesso, l'analisi interna permette di comprendere i punti di forza (e i punti di debolezza) che rischiano di far fallire il progetto di ripresa della tua realtà imprenditoriale. Immagina che la possibilità di prendere in mano i dati in questione sia come un faro nella notte, capace di stabilire in che modo controllare il futuro che si prospetta nel breve e nel medio-lungo periodo. Semplice no? Non proprio! In primo luogo, è necessario tenere in considerazione i pro e i contro dell'assetto produttivo che ha fatto (e fa) da padrone tra i tuoi dipendenti e tra gli assistenti che collaborano ogni giorno all'accrescimento della tua azienda. *Quali sono gli ostacoli? Cosa modi i-care per giungere dritti al punto del successo?*

L'analisi di mercato e l'analisi del prodotto: spazio di riflessione

Ora che hai compreso la situazione in cui versa la tua realtà imprenditoriale, è bene analizzare nello speci ico gli strumenti che hai a disposizione per scoprire come direzionare il futuro di vendita dei tuoi prodotti /o servizi di punta. In che modo? Due sono i fattori di cui avrai bisogno: **l'analisi di mercato e l'analisi del prodotto.**

Analisi di mercato: con questo termine faccio riferimento allo studio del contesto in cui la tua realtà imprenditoriale è solita operare. La consapevolezza che deriva da un'interpretazione analitica di ciò che già sai (e di ciò che devi sapere per massimizzare la tua presenza online e offline) è condizione preliminare che ti permetterà di tirare un sospiro di sollievo: la conoscenza è potere, non dimenticarlo! Ho dato vita a uno spazio di riflessione che ha lo scopo di promuovere il tuo pensiero critico! Rispondi a queste domande e cerca di essere il più consapevole e specifico possibile:

- Dimensioni mercato: quanto è grande? Come è segmentato? come è strutturato?
- Caratteristiche mercato: chi sono i principali clienti? i principali fornitori? Principali prodotti venduti?

- Condizioni di mercato: mercato nuovo? Mercato maturo? Saturo?
- Canali di distribuzione: quali sono?
- Comunicazione: Stampa? radio? tv? web?
- Finanziari: dazi? Imposte particolari? Problemi smaltimento e tasse da pagare?
- Legali: Brevetti? Copywriting? Marchi?
- Sviluppi: quali aree di mercato sono in via di sviluppo? Ci saranno nuove leggi o regole? Criticità?

Analisi del prodotto: è giunto il momento di fare un ulteriore passo in avanti. Hai il prodotto dei tuoi sforzi fatto e finito, poggiato sulla scrivania dinanzi a te. Sei sicuro di conoscerlo a sufficienza? Oppure pensi di non avere ancora tutti gli strumenti utili, pensati appositamente per una sua corretta promozione sul mercato? Sì? No? Forse? Ci penso io:

- Clienti: dove si trovano? chi sono?
- Leader di mercato: ci sono? Chi sono? Sono diretti competitor?
- Prodotti nostri: soddisfano il cliente? In che modo sono percepiti dal mercato?
- Competitor: chi sono? Che quota di mercato hanno? Dove sono? Cosa producono? Cosa vendono? Che prezzi hanno? Che canali di vendita e comunicazione hanno? (4P)?

Segmentazione del mercato: cos'è e perché è utile?
Il marketing plan è uno strumento a tua disposizione: in quanto tale, esso deve essere il punto di partenza da cui

giungere alla consapevolezza che – il pubblico a cui ti rivolgi – è molto più variegato ed eterogeneo di quanto tu possa pensare. *"Ma come, Andrea, mi hai già parlato delle Buyer Personas, pensavo di aver capito il discorso e di aver approfondito l'argomento!"* Ebbene, non devi mai dimenticare che clienti diversi hanno sempre esigenze differenti! Anche i gemelli siamesi più affiatati e inseparabili sono caratterizzati da una sostanziale diversità, non dimenticarlo mai! Pensi che i tuoi consumatori fidelizzati siano fatti con lo stampino? Ti sbagli: per fare luce sulla questione, è necessario impiegare una corretta segmentazione di mercato[2]. Non si può pensare di riuscire a raggiungere i propri interlocutori commerciali senza la conoscenza dei bisogni che stanno alla base della richiesta x o y. Ricorda sempre che – sebbene sia apparentemente impossibile – due individui possono comprare da te per la stessa ragione, avendo però aspettative differenti. Come fare chiarezza? Quali sono i punti di contatto che permettono di segmentare nella maniera più accurata e performante possibile?

- Area geografica;
- Settore;
- Prodotto;
- Applicazione;
- Possibilità di spesa;
- Fatturato;
- Canale di distribuzione;
- Quantità media ordini effettuati.

---

2   La segmentazione è alla base dell'agire aziendale. Un documento di ricerca standard, infatti, permette di cogliere tre elementi di primaria rilevanza per il futuro dell'imprenditoria: definizione del problema, scelta della procedura di segmentazione e interpretazione dei risultati.

Conclusioni: marketing plan quando, dove e perché?

Ho messo troppa carne sul fuoco? Ebbene, non importa! Come ti ho già detto, non c'è possibilità di crescita omogenea e costante senza un professionista che sappia maneggiare gli spunti di riflessione "fai-da-te" che ho voluto mettere a tua disposizione in questo capitolo. Spero tu abbia iniziato a familiarizzare con i temi centrali del marketing plan. L'obiettivo che devi prefissarti? Redigere un'analisi di mercato che sia coerente con il modello di business della tua azienda. La chiarezza delle tue azioni imprenditoriali è la base da cui partire per tagliare dei traguardi raggiungibili. Ne ho già parlato nel corso del manuale, ma ci tengo a ribadirlo: non rivoluzionerai mai il tuo settaggio mentale dall'oggi al domani. Ho iniziato questo capitolo parlando del mindset e della sua importanza aprioristica: o c'è o non c'è, o vinci o perdi. Ebbene, il marketing plan è un processo. Penseresti mai di sviluppare una muscolatura da vero bodybuilder in sole due settimane di palestra? Riusciresti mai a tenere una conferenza in lingua – che so – greca, dopo appena sette giorni di vacanza su un'isola ellenica? No? Perfetto! Anche in questo caso specifico, dovrai abituarti a tutti gli step volti alla costituzione di un buon proseguimento dei lavori: *avvio della pianificazione, esecuzione, controllo dei dati e chiusura degli obiettivi settati.*

Pianificazione e consigli

Voglio iniziare questo capitolo con una riflessione generale: *la paura di cambiare non ha mai portato un'azienda a realizzare i propri sogni.* Non è stato così per le vicende vissute dalla Ferrari – la nota casa automobilistica

– che ha saputo investire sulla rivoluzione delle sue vetture di lusso a 12 cilindri, non è stato così per i pensatori originali e *out of the box* – basti pensare al colosso Apple – e non è stato così per quanti, come Bill Gates, avevano già previsto che il futuro dell'imprenditoria si sarebbe giocato sul Content Writing di qualità. Fortuna? No, coraggio, ti risponderò io. L'evoluzione non è un palliativo: non è soltanto uno schermo che ci permette di osservare la realtà in maniera differente e a tratti migliore. La trasformazione radicale del nostro modo di comunicare, parlare, guardare al mondo che ci circonda ed essere individui attivi in società, infatti, consente di respirare la modernità che ormai ha stravolto e modificato le nostre vite a 360 gradi. Sul piano aziendale, inoltre, la crescita tecnologica è il punto di partenza da cui ottenere rilevanti benefici:

- **Rimanere indietro significa soccombere sotto gli attacchi dei competitors:** non restare a guardare la tua realtà imprenditoriale sull'orlo del fallimento. Non puoi permetterlo né per quanto concerne gli obiettivi che desideri tagliare nel prossimo futuro, né per i dipendenti che, da anni, si impregnano per accrescere la tua azienda. La rivoluzione ti permette di accendere i motori della tua crescita!

- **Vuoi essere un innovatore? Oppure preferisci arrivare alla soluzione quando quest'ultima è stata già adottata da centinaia di concorrenti prima di te?** Pensare in maniera creativa non è di certo un'attività vincolata alla classe degli artisti e degli artigiani. Riflettere e creare nuove possibilità espressive, nuove domande e nuove risposte, significa diventare il vero leader del settore, capace di trainare la moda e le tendenze che verranno seguite anche dai competitors!

- **Non dimenticarti mai del consumatore:** non puoi permetterti di osservare la tua realtà imprenditoriale con una visione che sia centrata esclusivamente sul piano aziendale. Ricordi le 4P? Ottimo; hai tutti gli strumenti per rivolgerti al potenziale cliente nel migliore dei modi.

- **Scegli persone accanto a te di cui puoi fidarti:** l'ho già detto nel corso del manuale, ma ci tengo a ripeterlo perché molto spesso mi rendo conto che gli imprenditori non hanno la capacità di cogliere l'importanza di un team. Se non sei da solo, un motivo deve pur esserci non è vero? Allora perché ti ostini a mettere in secondo piano tutto ciò che concerne il mondo dei dipendenti che collaborano con te?

114

Di cosa avrai bisogno? Ho scelto di sintetizzarlo nel-le prossime pagine: prendi appunti nelquaderno iniziale e cerca di comprendere in che modo poter massimizzare la presenza delle persone che ti circondano, le quali dovrebbero essere pronte a lavorare sodo per la tua/loro realtà imprenditoriale:

- Sei circondato dalle persone giuste?
- Pensi che ci siano delle regole/pratiche non corrette che rallentano e minimizzano il lavoro e la professionalità dei dipendenti?
- Pensi ci siano delle tendenze sleali tra i componenti del team?
- Hai a disposizione organigrammi e materiali per la pianificazione dei turni di lavoro?
- Il team è in grado di comunicare? Oppure – prendendo ad esempio un'autovettura - ognuno lavora come un pistone impazzito, che smette di funzionare da un momento all'altro (giusto per tornare al discorso della Ferrari, che trovo davvero indicativo)?
- Si portano rancori? Ci sono individui che pensano di occupare una posizione di leadership? Oppure tutti i dipendenti credono di essere amministratori, sparan-do sentenze a destra e a manca? I ruoli sono d efiniti?
- Sei a conoscenza di tutte queste informazioni? Se sì, prosegui nella compilazione del quaderno. Se no, perché non presti la dovuta attenzione a queste dinamiche? Quali sono i fattori che ti impediscono di essere presente nella maniera migliore per la tua azienda?

Calendario editoriale: quando la pianificazione ti salva l'azienda

Voglio iniziare questo breve capitolo con una citazione che amo particolarmente (e che deriva dalla mia diretta esperienza a contatto con una vasta gamma di realtà imprenditoriali): *"Quando ti metti davvero in gioco, arrivi al 30% del risultato! Quando ti organizzi e pianifichi ottieni il 100% sulle tue aspettative."* Molti imprenditori, infatti, potrebbero iniziare a seguire i miei consigli in merito all'importanza della presenza online, senza aver ben chiaro il concetto di *qualità*. Inutile pubblicare contenuti – fruibili gratuitamente, e che per la tua azienda rappresentano addirittura un costo – senza puntare all'eccellenza. Idee originali, chiarezza, conoscenza della lingua italiana e tanta voglia di entrare nella mentalità del pubblico sono i capisaldi di un contenuto di successo, ovvero in grado di convertire l'utente in un lead *caldo*. No, non intendo dire che tu debba puntare alla perfezione (né lessicale, né tantomeno grammaticale): l'importante è che tu sia in grado di comunicare le idee e le risposte che vuoi veicolare, esattamente quando il potenziale interlocutore commerciale è alla ricerca di un prodotto e/o servizio che tu puoi offrirgli. C'è un altro fattore che merita un approfondimento apposito: non è sufficiente la sola originalità; è importante che i tuoi articoli/post siano pubblicati rispettando i giusti tempi. Molti mi chiedono spesso: *"Okay, Andrea, basta sapere quanti articoli devo caricare alla settimana e il gioco è fatto! Cinque o dieci? Due o tre?"* Piano con i numeri da giocare al Lotto: non c'è alcuna regola fissa da seguire in merito al piano editoriale migliore per te e per la tua particolare realtà

116

imprenditoriale. Il punto è solo uno: *devi distribuire il tuo contenuto nel momento in cui il pubblico lo attende, né prima né dopo!* Non esiste il guru di successo in grado di prevedere il modo in cui il tuo potenziale lettore potrà recepire il messaggio che desideri veicolare. L'unico segreto che ci tengo a condividere con te è il seguente: nell'ambito del social media marketing è fondamentale osservare la strada imboccata dai *competitors*, farne tesoro e sviluppare una consapevolezza sempre crescente e funzionale. Per farlo, avrai bisogno di:

- Avere delle basi di informatica, seppur minime;
- Avere delle conoscenze di HTML e CSS;
- Conoscere gli algoritmi e le regole riguardanti i social che si è deciso di utilizzare. Facebook, Instagram, Twitter (e così via) sono regolati da sistemi interni che offrono visibilità a dati post. Ogni piattaforma, inoltre, ha dati regolamenti specifici che devono essere conosciuti e applicati rigorosamente;
- Conoscere e comprendere la SEO e quindi gli algoritmi e le regole riguardanti i motori di ricerca che si è scelto di utilizzare;
- Saper osservare cosa ci circonda e comprendere i vari trend;
- Conoscere la differenza tra Sito Internet e Blog (se pensi che questo dettaglio ti sia sfuggito, torna indietro e utilizza questo manuale come un sostegno con cui facilitare il tuo studio);
- Saper redigere un calendario editoriale[3] al meglio.

---

3 Con questo termine si fa riferimento a un semplice documento di pianificazione che permette di gestire la condivisione dei contenuti web nel momento migliore.

Non posso che consigliarti di stilare i primi articoli/post mediante uno spazio di compilazione simile a quello qui sotto. Io, per esempio uso Google Calendar! Tieni il tuo piano di lavoro sempre aggiornato e semplice da consultare, anche per un cambio di programma *last-minute!*

Buon lavoro!

month: year:

MON	TUE	WED	THU	FRI	SAT	SUN

Le armi della persuasione: come scrivere un post?

La scrittura non è solo creatività: per raggiungere gli obiettivi persuasivi che ti sei prefissato, infatti, devi poter cogliere le vere esigenze dell'utente che andrà a cliccare sul tuo post/articolo. Non sarai uno scrittore canonico e non avrai bisogno di un romanziere capace di scrivere un fantasy o un romanzo rosa. Due sono gli aspetti che non possono mancare nel corso della creazione di contenuti:

- Ricerca e pianificazione degli argomenti da trattare nel corso del testo;
- Introduzione basica alle regole dello storytelling (*share your story*, la condivisione di una storia)

Mi dirai: *"Okay Andrea, ma non pensi di stare esagerando? Non sono mica una multinazionale che ha chissà quale storia pluridecennale da raccontare."* Voglio farti riflettere su un aspetto che, molto probabilmente, è nel tempo scivolato in secondo piano. Se hai compreso l'importanza che rivestono i dipendenti nel futuro della tua azienda, avrai anche avuto modo di familiarizzare con un concetto cardine: le persone che operano ogni giorno per te e per la tua realtà imprenditoriale hanno una narrazione, delle aspettative e delle esigenze da trasmettere. Ti sei circondato di soggetti che sono davvero appassionati di ciò che fanno? Hai appreso in che modo sfruttare a tuo vantaggio la comunicazione tra tutti i membri del team? Le persone che ti circondano *sanno fare qualcosa* in grado di svelare i retroscena di una realtà aziendale di successo. Certo, non sei un marchio pluripremiato con sedi in ogni Paese del mondo. Non fa niente: questo aspetto non ti deve interessare! Hai a tua disposizione l'eccellenza del tuo marchio e non hai intenzione di parlarne al tuo target? *Cambia strada, stai camminando in equilibrio sul baratro del fallimento!*

Piccole realtà, singoli artigiani, artisti e creativi, appassionati di comunicazione, marketing, design o grafica sono a tua disposizione ogni giorno, raccontano se stessi nel corso del canonico turno di otto ore in cui lavorano per te, e tu non sei in grado di sfruttare a tuo (e a loro) vantaggio il processo di crescita e di sviluppo che ti consente di ottenere il prodotto/servizio top di gamma sul settore. Ti rendi conto di quanto indietro sei? Riconosci la pericolosità di una mentalità retrograda e poco innovativa? La nostra cara Italia viene quotidianamente rappresentata da una vasta gamma di piccole e medie imprese che cercano di trasmettere i propri valori mediante l'impegno di centinaia e centinaia di retroscena: è tempo di svelarli! Non trasformarti nel mago che – temendo di essere scoperto durante la manipolazione dei suoi trucchi – sceglie di ritirarsi dai palchi e dal mondo dello spettacolo, pur di custodire le sue preziose tecniche. Il tuo pubblico è parte dell'azienda: collabora e svela(ti) a chi realmente è interessato a optare per te (e non per competitor che, saggiamente, ogni mese permette di trasformare il consumatore in una parte attiva del processo di realizzazione).

"Sì, tutto molto bello. Ma quali strumenti ho a mia disposizione per trasmettere la storia della mia realtà imprenditoriale? Chi sono i protagonisti? Quali i mezzi di pubblicazione?" Poche domande: se intendi davvero fare la differenza devi apprendere il modo migliore per veicolare un messaggio. Scritto o fotografico? Su quale social sarà pubblicato? Basti pensare che Twitter è incentrato sulla narrazione (in pochi caratteri) di messaggi e slogan d'effetto; Instagram è il regno della fotografia e di tutte le sue migliaia di possibilità applicative. Conoscere gli aspetti che si celano dietro al mestiere del Content Creator non spetta a te: quello che devi comprendere è il frutto del lavoro che migliaia di professionisti possono mettere a tua disposizione. *No al fai-da-te, sì alla consapevolezza!*

Se ho messo tanta carne sul fuoco, se davvero non sei certo di aver capito tutto quello che ti ho detto, allora ho fatto un buon lavoro! Non devi diventare un professionista del copywriting persuasivo, ma devi comprendere che quest'ultimo sta alla base di quello che già abbiamo definito precedentemente *un contenuto di qualità*. Devi distinguerti e devi mandare un messaggio al tuo utente che sia chiaro: *"Io sono qui e ho quello di cui tu hai bisogno"* Come tradurre il concetto precedente in un articolo/post che abbia tutti gli elementi vincenti? Ci viene in aiuto una mente particolarmente brillante, quella di Robert Cialdini[4]. Perché <u>devi</u> (e non ho paura di usare un imperativo categorico) leggere il testo "Le armi della persuasione", pubblicato per la prima volta nel 1984? Te lo spiego qui di seguito: *per acquisire mercato e leads. Non c'è consapevolezza di ciò che le persone vogliono senza la capacità di offrire in modo suggestivo e funzionale esattamente il prodotto e/o servizio che tu desideri immettere in commercio. Pronto? Prendi appunti (e se vuoi sfrutta a tuo vantaggio le pagine apposite che ho inserito all'inizio del libro.*

Persuasione è reciprocità: la prima arma del tuo arsenale

"Scarica il nostro catalogo gratis e iscriviti alla newsletter." I latini avrebbero parlato di *do ut des* (sì, sono un sostenitore dello svecchiamento, ma la saggezza dei Romani è un sempreverde, per cui mi sento di fare uno strappo alla regola). Ti offro qualcosa in cambio di una tua azione/di un tuo contatto/di un quid che per me ha valore e che per te è uno sforzo limitato e sostenibile. L'essere umano si sente in dovere di contraccambiare: il concetto è particolarmente rilevante nel momento in cui desideriamo offrire al nostro interlocutore commerciale un contenuto di qualità che lui non potrà rifiutare. In questo modo, siamo in grado di metterci nei suoi panni

---

4   Psicologo di origini statunitensi ad oggi professore della cattedra di Marketing presso l'Arizona State University. La sua fama pluridecennale è dovuta a un testo qui citato nella sua versione originale: Cialdini, R. B. (2001, February). The science of persuasion. Scientific American, 284, 76-81.

e di trasformare le nostre esigenze in un obiettivo raggiungibile. Abbiamo un prodotto che l'utente desidera, dobbiamo solo proporlo in cambio di un contatto che noi desideriamo. Saltiamo direttamente alla seconda istanza persuasiva! *1 a 1: palla al centro!*

Persuasione è scarsità: la seconda arma di Robert Cialdini

Stiamo parlando di una delle regole più note mediante cui convertire un lead in cliente: immagina di navigare su Booking.com alla ricerca di un hotel in cui trascorrere le tue meritate vacanze. Adocchi una struttura, apri la pagina in cui sei certo di trovare tutte le informazioni di cui hai bisogno e, *TAC!* *"L'offerta è valida entro le 10:00 di sabato. Inserisci subito il Coupon!"* Hai appena scoperto in che modo sfruttare la **scarsità temporale** a tuo vantaggio! Due sono le restanti tipologie che potresti impiegare in un contenuto altamente funzionale:

- Scarsità quantitativa: *"L'offerta che stai visualizzando è valida solo per le prime 50 telefonate di oggi!"*
- Scarsità circoscritta a un target esclusivo: *"L'offerta è valida solo per i tesserati del nostro circolo"*

Non starò qui a dirti che il gioco in questione sta sempre all'etica dell'azienda/imprenditore che sceglie di sfruttare questo stratagemma a suo vantaggio: le prime dieci telefonate potrebbero anche diventare tutte quelle ricevute nel corso di una giornata di lavoro. Attento a non esagerare, però: la fiducia dei clienti si basa sull'onestà della realtà imprenditoriale a cui costoro si affidano.

Persuasione è autorevolezza: la terza arma che non può mancare online (e offline)

Scorri distrattamente i canali televisivi e, all'improvviso, un volto noto inizia a sponsorizzare in una nuova pubblicità il prodotto che può rivoluzionare il tuo modo di preparare la lasagna *"come quella della nonna"*. L'influenza e la suggestione che l'azienda può esercitare sui suoi interlocutori commerciali sono strettamente dipendenti dall'immagine generale che un dato marchio ha sul mercato. Pensaci bene: non sempre puoi essere accanto ai clienti che scelgono di informarsi maggiormente in merito alla tua realtà imprenditoriale. Spesso non si è in grado di curare l'aspetto pre-vendita direttamente come vorremmo. Ecco, allora, che il volto di un grande attore può fare la differenza. Ora, non disperare: sappiamo tutti e due che la tua media imprenditoria non può chiedere a un attore hollywoodiano di sponsorizzare un certo prodotto e/o servizio. Sai, però, che un personaggio di spicco o con un seguito nutrito sui social vale molto più di mille pubblicità in TV?

Persuasione è impegno (e coerenza): l'arsenale di Cialdini inizia a prendere forma

Tutti gli individui desiderano essere coerenti, ligi e sempre capaci di giustificare in modo razionale le posizioni assunte nel corso della propria vita. Il discorso vale tanto sul posto di lavoro, quanto su quello formativo *(da studente, ti è mai capitato di pensare, senza mai fare il grande passo: "basta con Psicologia! Voglio studiare*

Giurisprudenza!") Ebbene, cambiare idea è un dispendio di energia davvero fuori dalla norma: dopo aver scelto di scaricare un ebook, ad esempio, se ci viene chiesto di inserire un contatto – come un indirizzo e-mail – ci sentiamo obbligati a farlo. Abbiamo già espresso interesse nei confronti di un prodotto e ci sembra scorretto non dedicare un po' del nostro tempo a colui che ha reso disponibile il contenuto. Gli accordi vanno rispettati: *sta a te (e al tuo team di professionisti) cercare di creare una strada mediante cui trasformare i tuoi visitatori in lead!* Il segreto che sta alla base di tale processo? *L'upselling!* Devi poter comunicare al tuo interlocutore: *"Okay, hai acquistato questo prodotto che ti ha permesso di migliorare la vita. Allora non puoi farti scappare il servizio x, che riuscirà a stravolgere in positivo anche tutti gli altri elementi che sei interessato a modificare!"*

Persuasione è anche riprova sociale: parola di Robert Cialdini

La *social proof* è uno degli elementi più spinosi del tuo arsenale persuasivo: il punto è che molti neofiti pensano di dover essere assolutamente famosi e super-seguiti sui social per avere la possibilità di dare consigli. Non è così! Basta saper raccogliere le giuste testimonianze (mai finte, pratica non solo poco etica ma anche illegale) in modo tale da dimostrare ai futuri clienti di avere tutte le carte in regola per riuscire a scalare la classifica dei competitors. Insomma, se un user visita la tua pagina e legge che il prodotto x è stato efficiente per decine o centinaia di persone come lui, sarà invogliato a seguire la tendenza che va per la maggiore. *"Se gli altri hanno comprato, lo farò anche io!"* Insomma, l'importante è che ci sia mercato, altrimenti il concetto è totalmente inutile ed inefficace!

Persuasione e liking: il potere 2.0 del passaparola e della simpatia

Secondo Robert Cialdini, siamo più portati ad apprezzare qualcosa che è stato già recensito positivamente da una persona che conosciamo, oppure che sia solita condividere i nostri stessi interessi. Sul piano del *Digital*, stiamo parlando di una condizione mentale – altamente persuasiva – che passa sotto il nome di *Lead Nurtuting* [5]. Acquistare le caratteristiche di simpatia e predisposizione empatica nei confronti del consumatore, infatti, permette di massimizzare le possibilità di vendita. Inutile dire che il *Personal Branding* si basa molto su questo principio, sfruttando le tecniche di storytelling che ti ho presentano all'inizio del capitolo!

Riponi le sei armi della persuasione di Robert Cialdini per un solo istante; non abbiamo ancora finito! Voglio concludere facendoti riflettere sull'importanza che questi aspetti rivestono per te e per il futuro della tua azienda. Ancora una volta: la strada potrebbe sembrare lunga e insoddisfacente, ma ti assicuro che non si tratta di uno spreco di tempo. Il vero errore sta nel pensare di poter saltare step fondamentali, così da arrivare per

---

5   Il Lead Nurtuting è un'attività di web marketing che ha lo scopo di curare - mediante differenti canali online e offline – la conversione dell'utente in cliente fidelizzato, a conoscenza di tutte le caratteristiche di un dato brand.

primo alla vetta. Sai cosa accade a realtà imprenditoriali di questo tipo? Come lo scalatore poco esperto, che pretende di scoprire nuove scorciatoie, le realtà aziendali in questione finiscono per essere schiacciate sotto il peso dei competitors e delle capacità altrui. Non sei più furbo, sei solo pigro e controproducente. La mentalità deve essere alla base del tuo modus operandi: se non sai distinguere l'utile dal superfluo, mettiti in mano a professionisti competenti che possano calcare la mano lì dov'è necessario. Se, invece, pensi di dover fare tutto da solo, ti consiglio di lasciar perdere. Non siamo più nell'era del *"in qualche modo, lanciando volantini in aria, riesco a trovare un cliente"*. Ricorda sempre che sei libero di scegliere (e che la scelta è libertà): o sei dentro o sei fuori! Buon lavoro, caro imprenditore!